話頭禪指要

釋繼程

〔自序〕話頭禪指要

話頭次第四部曲　念問參而悟後看
禪雖無門需設門　方便禪者循序入
指月在月不在指　但若不指如何見
要說禪門頓悟法　須知漸修乃基礎

序話頭禪指要

辛丑五月十二　太平 繼程并題

目錄

下篇 參破話頭

依四悉檀

上篇

參禪要領

話頭入門

我們這十天禪修的主要方法是「話頭」，所以會介紹話頭的用法。假如你在課程前，已經能夠把自己的身心調和、放鬆，也能達到止的狀態，那麼你就依著你的身心狀態來練習話頭的方法；如果在練習的時候，方法用得上去，就繼續保持用下去；反之，如果不能用好也沒有關係，再回到基礎的方法上繼續地調「止」的工夫。

進入禪觀的法門

你如果能夠進入到「話頭」與「默照」，實際上已經進入了「禪觀」的法門；要將這個法門運作得很好，止的工夫與基礎要穩定；如果止的工夫還不穩定的話就進入禪觀的方法，會引發更多的妄念，因為在運作禪觀方法的時候，我們都會用到一些思惟的作用。

本來「觀」應該是處於一心的狀態來做比較深入的思惟，但是如果身心還沒放鬆，心還沒有統一，在思惟時，心處在某一種比較細的狀態，你在思惟時還是有作用的；你用這個觀法的時候，可以幫助你把心調得更細，甚至達到統一境。

如果你的心比較粗，妄念滿重的，由於心還不能收攝、安定，一旦轉入這個觀法，開始思惟的時候，可能那些妄念又會生起來。意即你是用著「觀」的方法，可是妄念會加進去，或者是你在用的時候會引動一些較細的妄念出來。如果察覺到這種情況，暫時把方法放下，回到調「止」的工夫上，讓自己能夠調得更止、更靜、更安定後，再來使用觀法。

使用話頭的階段

當用功到身心都已放鬆，止的工夫已穩定了的時候，基本上就可以用禪觀的方法，雖然你可能會一用方法就被妄念干擾，但還是可以試著用。當我們要止下來的時候，可能會察覺到止了一陣子後，心會感到很空洞，想捕捉些東西，這就表示你的狀況不是很穩定，因為心在觀呼吸時，多多少少會依賴可以安住的緣；現在這個「緣」被你拿掉了，加上止的工夫不是很穩定，想要凝聚成一心的工夫還不是很穩定，會感覺需要安住在一個緣上，如果是這樣，那就回到呼吸，注意呼吸。

當到了心感覺有點空洞的階段，或者心在隨息時可以保持安定，就可以嘗試用話頭的方法；如果你的心能夠止於一境達到統一心，你把話頭放進去，話頭與心就很容易統一，當它們統一的時候，你就可以再進一步用「問」話頭的方法。

我們開始的階段是念這個話頭；當心隨著呼吸時，若發覺到心也想靜下來，不想隨著呼吸的話，你就把話頭提起來，再把呼吸放下，心就專注在話頭上。只是用一個話頭，念這個話頭，要很專注地念，清楚知道自己在念這個話頭；你的心如果比較細、很專注了，呼吸也放下了，加上心與話頭都能夠念得很親近，最後你會發覺到，話頭成為了你心主要的念，這表示心與話頭也就統一了。

能夠念到心與話頭統一了，你再把它轉到「問」的方法上，那它就比較會有力量；如果我們在數呼吸時，心還是有好幾個念在動，你一下子把話頭放進去，這會容易變成被妄念拉走。另一個情況就是，用話頭的時候，一定要讓它跟呼吸分開，也就是說不要配合呼吸來念話頭，因為這樣子的話，你要照顧的東西太多了；換言之，要念話頭，就要把呼吸放下，即使是在數呼吸，也要把數呼吸的念放下，如果還需要這個數目字的話，你就數你的話頭，念話頭了以後放上：一、二……，這也是一個方法。

還有一個階段可以用話頭，那就是全身放鬆了，可以覺照到你的全身不被局部的觸覺所干擾，也就是說你的心是真正覺知全身的，不是局部的；如果局部很清楚，但是心會分心，表示心是散亂沒有力量的。實際上，我們可以真正觀照全身，局部的觸覺都在，知道它只是整體裡的一個小部分，心卻不受影響；這時候如果你的心再把話頭提起來，它還是有力量的。

這兩種可以使用話頭的階段，都是我們的心已經到了某種程度的安定和放鬆，就是調心的工夫已經安定了，甚至到達止的部分了。

更深一層就是你的身心統一了，你用話頭而轉入觀的方法；另一種情況則是，你在用話頭時，發現自己很昏沉，這時候話頭幫助你把心念提起來，也就是說，每次坐到某種靜的程度時，它很容易會變得心昏沉，心很容易沉下去，你就用話頭把它提起來；這樣子提話頭，具有一種對治的作用，對治你可能掉入無記的心。

無字公案

話頭一般是由老師提供。歷代以來最常用的，從宋代開始一直很普遍地在運用的話頭就是「無」字話頭、「無」字公案。在日本，從禪宗傳過去至今，他們也是參「無」字的公案；在參時，知道整個公案，再捉住整個公案很關鍵的句子或字去參它。我們知道，「無」字公案是發生在唐代，當時一個禪師在禪宗有很重要的地位，雖然他有很深的禪悟體驗，門下也度了不少的禪眾，也和很多成立宗派的祖師有交往，但是自己卻沒有成立任何宗派，然而他對後期的禪宗發展發揮很大的作用，這個禪師即是趙州禪師。

趙州禪師有很多很有趣的公案，其中一個就是「無」字公案。有人問他：「狗子有佛性無？」一般在大乘佛教觀念裡，當然是說「有」，因為一切眾生皆有佛性，狗也是眾生，牠當然也有佛性。誰都知道狗有佛性，為什麼還要問呢？當他在問時，趙州禪師就跟他說：「無！」中國佛教在翻譯梵文經典時，遇到一些詞義上的問題，會用「空」、「無」來傳達佛教原本傳達的訊息，也就是「無我」、「無自性」的觀念。

趙州禪師直接用「無」這個字來回答問題。當他提出「無」字時，就讓人覺得這個「無」有它的玄機；如果你說這個「無」是沒有，這句話就違反了佛教的教育，因為大乘佛教說一切眾生都有佛性。如果你說這個「無」是有，「無」又不是「有」！「無」可以是「空」嗎？有時候我們會用「無」來代表「空」，不過，所有的這些意思，如果變成一個答案，回答這個問題就會變得沒有意義，因為你都知道狗子有佛性，為什麼還要問？你問這個問題，我回答你，我不是給你一個答案，只是回答你而已！你要的是什麼？是這個答案嗎？因此，「無」就變成是一個讓人家去追究、去參的一個字！

這個公案就提出了「狗子有佛性無？」「無！」如果你要追究下去的話，就是參這個「無」，不斷地去參、不斷地去追問、不斷地去鑽究，到底這個「無」是指什麼？「無」真是一個答案嗎？還是這個「無」要傳達什麼訊息？它就是讓你有一個動力，會因為這樣的一個字眼而去追究、去參、去想要知道。

我們把一個公案簡化成一個話頭，那就是「無」，如果要把這個「無」提出來，做為一個話頭，我們就會問什麼是「無」。也就是說，人家問：「趙州狗子有佛性無？」趙州回答是：「無！」現在我們要去追究「什麼是無」，「什麼是無」就變成了一個話頭。這個話頭會讓你產生一種想要去知道的力量。

我們在用話頭時，就牢牢地捉住這個句子，一直參下去。但是如果心還未到達那種很放鬆、統一的狀態，就捉住這個句子參下去，一追問下去的話，就會變成一種很粗的思惟，而不是很細、很專一的思惟，因此就會翻動你的妄念。

當在參話頭的時候，身心沒有放鬆、沒有達到統一的狀態的話，在問話頭的時候，就會有很多答案跑出來，或者很多妄念就會現出來，也有可能是心裡埋藏狀態的浮現；一些身體很繃緊的人，如果用這方法，他的身體會繃得更緊，當繃得更緊的時候，就會有一些狀況顯現出來，所以一些人在參的時候就會放聲大喊。

像在日本，一些人用這方法用得很猛烈，甚至處於繃緊的狀態也在用，所以禪堂可能會有同學一直大喊：「無！無！無！」這是很繃緊的狀態才會有的狀況，因為你是配合你的氣在問。所以，我們在念話頭時，不要配合呼吸，因為一旦配合呼吸，就會把呼吸變成一種「氣」，當氣凝聚太多，就會爆發了！

這樣子有效果嗎？對於一些同學是有效的，他們可能就因為這樣子而進入了疑情、疑團，一些人發洩了以後可能就進入了狀態。但是我們不用這個方法，我們的課程若用這個方式可能不是很適合，因為一些同學原本就滿身氣了，一用就會發作得很厲害，這也許會導致一些同學感到害怕，有時候在逼的時候，用香板逼得太緊，就會令一些同學對話頭產生恐懼的陰影了。

在禪宗裡，這些猛烈的方法已經形成一種風格，在整個禪宗歷史，發揮很大的作用。提倡這個話頭禪的禪師，是北宋到南宋期間出現的大慧宗杲，他用這個方法度了很多人。後期有很多禪師用這猛烈的方法，也度了一些人。我們發覺到，現在要用這個方法當然還是可以，不過要具備很好的條件，而且要以比較放鬆的方式來用，如果用得上去的話，還是一樣可以達到效果的。所以我們現在先把止的工夫用好，以身心完全放鬆的狀態來念話頭。

當我們的心放鬆了，可以覺照到全身，身體局部的覺受不被干擾，只是很清楚地知道，這時候再把話頭提起來念；或者是用呼吸的方法，達到能夠數呼吸，再把數目字放下；如果數目字還不能放下，就把呼吸放下，不要去注意呼吸，把話頭提起來，然後在話頭後加數目字：「什麼是無一，什麼是無二，什麼是無三……。」就是用數目字保持覺照的心，念話頭到話頭念成片了以後，把數目字脫落掉：「什麼是無，什麼是無，什麼是無……。」當念到跟心統一了，心就是話頭，話頭就是心，再轉成「問」的方式；或者是你已經能夠隨息了，就把呼吸放下，把話頭提起來，提起來時也可以先用數目字數一數它。

若你已經能夠止於一境，完全放下，心統一了，甚至身心統一了，再把話頭輕輕地放上去；放上去時，話頭與心能夠統一，也就是你的心與話頭貼在一起了，念的當下，話頭就是心！到了這個狀態，你再轉成「問」。開始時是念：「什麼是無，什麼是無……。」而「問」則是：「什麼是無？」（注意聲調）是一種疑問的念。開始念話頭時語調是平平的，轉成疑問的時候，它就會轉成對內。

開始用的時候，普遍上我們先用念的方法，比較溫和，要處在放鬆的情況念；

念到身心統一後，妄念的力量就比較弱，但不是沒有。當我們心的力量與話頭的力量比較強時，在問的時候，妄念才不會打進來；如果你的心還沒有很穩定，還沒有統一的話，你問的時候就會進入到思惟，它會攪動你的心，接著很多妄念就會浮現出來。所以當你的心與話頭沒有統一的時候，你一問，可能很多句子就會浮現出來，很多答案就會跑出來，也可能很多狀態也會顯現，因為你在翻動你的妄念。

要用這方法的話，就先念，只是念。當你身心完全放鬆的時候，可以覺照到全身了，就提起來念；數呼吸數得很穩了，把呼吸放下，然後數你的話頭；隨息隨得很穩了，把呼吸也放下，這時候可以數一數話頭，或者念一念話頭；心統一了，然後念話頭；念話頭念到心與話頭統一。這個工夫實際上還是在止，身心統一是止的工夫，我們要讓觀與心也統一了，再轉入到觀法。

在用的時候我們身心會比較放鬆，不會有很激烈的狀況顯現出來，這整個方法的運作，乃至你打七回去以後也能用，因為它是比較溫和的方式。當我們在問「什麼是無？」，再問下去，它就變成是一個很強的動力；我們剛開始問的時候只是念著它，攝住它，把這個話頭穩住了，不會跑掉，然後再進一步去問。如果現在你要用這個方法的話，就先用「念」的方法。

用話頭對治昏沉

話頭也可以用於對治昏沉，有時候發現自己很容易掉入無記或者昏沉，身體基本上已經調和了，但是心習慣性地會掉下去，因為心有時候會進入到「癡」的狀態，有一些人平時懶散慣了，心不愛動，坐在那邊很容易就掉進去。也有一些老參疲累以後，也會用這個方式坐在那邊睡覺，坐得穩穩的，就算是老經驗的老師都未必看得出來，他就已經掉進去我們說的「黑山鬼窟」。進去黑山鬼窟裡，心是一片黑，引磬一響就起來，下支香再坐，又是進入鬼窟裡去，這樣子坐一百年也沒用！

有一些人懶散慣了就會有以上的狀況，一靜下來就會掉進去「黑洞」，然後就不想動了。有些人則是心長時間太勞累，所以也會昏沉；有時候則是因為我們的心容易跟癡心所相應而掉入無記。如果你發覺到心總是這樣的話，這個時候就要「提」。我們有一些提的方法，比如說你可以思惟法義，以慧來對治你的愚癡；愚癡的眾生用因緣觀，因緣觀就是法義，法義一轉動的時候，心就會活起來，就不會掉進去，這是一個對治的方法。

我們用話頭可以對治昏沉、愚癡，不斷地把話頭提起來，就是一直念，甚至可以稍微用點力，因為心要沉下去了，要把它拉起來；拉到話頭有力量了，再慢慢讓它安定下來，然後進入到比較統一的狀態再「問」，那就有力了。

念佛結合話頭

「什麼是無？」是相當普遍用的話頭，而禪宗發展到後期，佛教界更為普遍的是「念佛」，很多人都在念佛；當你進入到禪堂的時候，有時也會念佛，當念佛又要參話頭的時候，我們就把念佛與話頭結合起來，所以就會提問「念佛是誰？」。這個方法是滿好用的，但是有些人說：「我沒有念佛啊！」那沒有關係，你在打坐，可以提「打坐是誰？」。

開始時也是念，念到話頭很有力量、很穩定了，你再問。另外一個話頭提到的一個觀念就是「本來面目」，我們參禪就是要見到本來面目，也就是我們的本性。在中國禪宗所採用的字眼，都會跟我們的現實有一些結合。在提的過程中，還有強調「父母未生前」，因為我們的本來面目是父母生之前有的；這裡的父母不是指我們現實的父母，而是生命顯現為一種生命形態的時候，它已經變成是父母生的了，也就是說它已經有一個因緣把它造作出來，那麼在還沒有造作、還沒有出生之前，本來面目是誰？

「父母未生前的本來面目是誰？」這個話頭的句子會長一點；實際上我們在用話頭時，長短並沒有關係，我們在念的時候，一定要清楚「是誰？」，這個是我們話頭中一個重要的疑問。問的重點就在這字眼上，但是我們開始只是先把它念出來，念的時候是平的。

當我們的工夫修到某種程度了，要進入話頭就要銜接它，也就是用念的方法，繼續把止的工夫加深，穩定後再轉成問，而問的時候就開始觀；所以如果你的身心基本上放鬆了，數呼吸或隨息都很好，或者是能夠身心統一了，就把話頭放進去，銜接到話頭的方法，這是我們用話頭的第一個步驟與階段。如果你發現到自己基本放鬆的工夫已經做得滿好了，可以加深自己用止的工夫，或者是對治昏沉時，你也可以試著用；不過，如果你發覺自己的身心還不能放鬆，一提話頭可能也會繃緊，那就繼續放鬆。當然，你可以用話頭的方法來放鬆，你就是念：「什麼是無一，什麼是無二……。」不需要用力，輕輕鬆鬆地念它。你不要擔心自己念的時候很多妄念，那個時候一定是很多妄念的，因為你還沒有達到身心統一，你就放鬆地用，隨時回到方法。當我們念佛的時候，隨時回到佛號。把話頭轉成是你的正念，一察覺到心被妄念拉走了，回來的方法，就是念話頭！

但是，以上的過程可能會花比較多的時間，因為你要讓它達到放鬆與身心統一。如果你的身心基本上已經放鬆了，數呼吸的方法也用得很好，可以止了，你再用的話，就會發覺到這個話頭很容易與你的心統一。這是我們在用話頭的基礎，第一個階段的方法，能夠用就試著用，用不上去就不要太用力，也不要太勉強或以很緊迫的方法來用。

同樣地，如果整個禪十都沒有用到話頭，也沒有關係；反之，如果自己發覺可以嘗試，過程中認為這個方法也滿適合自己的，那就繼續用。

話頭層次

話頭禪的方法，主要可分成三個層次：念話頭、問話頭、參話頭。念話頭和問話頭的功能，主要為保持身心平衡和身心統一，參話頭則是明心見性的悟道工夫。

念話頭

當我們講到用話頭這個方法，首先應該是用念的，一般來說，話頭背後都有一個公案，公案就是禪宗所記錄下來的一個典故或一個故事，而這些故事實際上有真實的，也有一些是編出來的。

至於真實的公案裡，有時候也包含了開悟的過程，雖然可能只是一個過程而已，不一定有開悟的現象，但是過程或許間中會有一些足以讓我們去探索的疑情，而這個疑情一定跟我們生命的本來面目或者本質有關係。

我們在參禪時，常說要「明心見性」，那就是見我們生命的本性，我們稱之為佛性。要「見到」就要用方法，這方法就是導引我們見到本性與佛性，而這個方法是沒有答案的，你不要想從方法中尋找答案，見到本性並不是答案，就只是見到。

比方說，如果你沒有見過這個杯子，人家跟你說杯子是這樣的：像個圓筒，旁邊放個柄，裡面是空的，下面是實的，上面放空，可以倒水下去，想喝水時就拿著柄靠近嘴邊喝下去，這就是解釋「杯子」。像這種情況，你可以參「什麼是杯子？」。當你參的時候，杯子就是我們喝水的一種用具，杯子可以裝水也可以不裝水等，就這樣有很多答案會跑出來。實際上你有見到嗎？沒有！這個方法並不是叫你找這些答案，而是慢慢帶你看到一個東西，知道是一個杯子，看到是一個杯子，它是答案嗎？不是！它只是你見到的，並不是一個答案。

當我們參「什麼是無？」，「無」是佛性！「無」是空！「無」就是無相！……。講了一大堆，全都沒有用！你就在那邊一直轉，想了很多很多，自己在猜這、猜那，猜到最後，什麼都不是。通過這個方式，你如果見到了，見到就是見到；它是答案嗎？不是！它是什麼呢？它就是實相，是你要見到的東西！

因此，我們用話頭並不是要找一個答案出來；如果你發現話頭裡有答案的話，你就得把答案放掉，不要去想這個答案。它是一個方法，一個幫助你見到佛性的方法，就這樣而已！如果我們不用這個方法的話，可以見到嗎？也有別的方法能幫助你見到的。

我們現在用「話頭」的方法來幫助我們見到佛性，明白我們的心。明白佛性，見到佛性，這是「話頭」的一個功能。用「話頭」並不是要找什麼東西，要知道「話頭」就像一個工具、一個方法，幫助我們進入到內心裡見到我們的佛性。

用這個方法，開始時需要跟這個方法相應，也就是說方法跟心相應以後，就能融入你的心，這樣才可能從方法中得利。所以開始用話頭時，先用念的方法；念的方法在某種程度上和修止有關係，止是轉入觀的一個重要過程，我們要讓話頭與心能夠統一，就用念的方法。

開始念的時候，可以在身心放鬆時去念，如果你發覺到身體放鬆後，心還不是那麼安定，也就是說，你的身心雖有放鬆的狀態，卻還是比較粗，不是很細，你察覺到的還不是整體或完整的，而是局部的，那心還是會散出去。這樣子來念話頭，就是以話頭做為攝心的功能與作用，直到心與話頭統一。

如果你用呼吸的方法能夠達到止，或能夠隨息的話，這時再把話頭放上去，就會發覺話頭很容易跟你的心融成一體；如果你用隨息的話，要先把呼吸放下，把話頭提起來，再借用話頭的作用把你的心凝聚，與話頭統一；如果你還在數呼吸的話，在用話頭時要把呼吸先放下，不妨繼續用數目，因為你還需要用數目，就表示覺照的作用還不夠敏銳，也就是說你在專注時，還需要提起覺照的心，所以繼續用數目。我們用話頭時，與念佛的方法一樣，在念佛時可能還有其他的妄念，所以在念的過程，雖然感覺自己仍在念，其實間中已經中斷了，並沒有完全成片地在念，因為你的心散且被妄念拉走，所以你不知道念佛已被中斷了，就好像我們察覺呼吸，在專注呼吸時，有時候我們察覺不到中間中斷了，這就是警覺與覺照的心不夠。

當我們知道觀呼吸或在念佛時工夫沒有成片，間中有中斷，那我們就應該用數目，因為數目可以把它貫穿起來；如果間中串不起來，這就表示它中間中斷了。一些人說他不能「數」，只能「隨」，但那不是真正的「隨」。真正的「隨」應該是心跟呼吸是一起的，而當我們認為我們可以察覺、注意到呼吸，間中有中斷時，我們卻不知道，這個「不知道」就是無明，因為這個無明，導致你的工夫不能成片。

我們怎樣知道它陷入了沒有警覺的狀態呢？我們用數目，知道自己注意呼吸一、注意呼吸二、注意呼吸三……，間中發現好像有注意呼吸，又好像沒有注意，數目跑掉了、中斷了，這就表示間中有一段時間心沒有在呼吸上面，心散掉了，因為數目字跑掉了。

有些同學數到幾個數目，就一直中斷直到被引磬敲醒，也不知道自己跑到哪裡去了！如果前面沒有數數目的話，可能以為自己整支香都在注意呼吸，實際上是整支香都沒有注意到，那只是你的感覺，因為你的妄念走的時候，偶爾還會回來注意一下，隱隱約約地感覺自己好像在數呼吸；所以我們有些念佛的同學以為自己念佛工夫已經很好了，認為自己隨時隨刻都在念佛，若叫他數的話，他數不來。他真的隨時隨刻都在念佛嗎？其實是隨時隨刻佛號都跑在妄念裡！好像一條河流，偶爾有一片落葉掉在河裡，而他的佛號就是那片落葉，佛號變成了整個急流裡小小的一個妄念。

很多時候我們用功會用到這個情況，所以就要用數目來提起覺照的心，一旦數目不見，我們就知道專注於佛號或呼吸的念已經散掉了、凝聚不起來，唯有重新再調起；慢慢地你會察覺到一有妄念來，你很快就覺照，心很快就回來。

其實在數與注意呼吸的間中有很多妄念插進來，你記得要提起數目，就會把自己的心收回來；反之如果你不記得的話，就會被妄念沖走。因為我們平時的妄念太多，用方法的正念真的太少，太沒有力量，所以我們一定要加強它，用數的方法對治散漫且不凝聚的心，這是一個很好的方法！

平時妄念多，有掉舉，甚至有昏沉的現象，如果要把心調成專注的狀態並不容易，所以我們必須依一個境，這個境可以是佛號或呼吸，也可以是緣某一個外緣或外塵的方法，其作用都是要幫助我們把心找回來；我們通常用觀呼吸和念佛這兩個方法比較多。念佛號，不是觀相念佛，因為觀相念佛是用眼根，而念佛號開始時是用耳根，一旦止靜下來時還是意識作用，所以實際上比較不容易提起來，因為我們意識裡的妄念比較強。因此，要用這個方法的話，平時要多聽佛號的唱誦或者是念佛的聲音，這就好像我們聽音樂，久了以後音樂就會在我們的心裡面生起來。

觀呼吸是因為呼吸是身根的觸覺，而呼吸是隨時隨刻都在身體發生的，它的觸覺滿微細的，而且它位於身體的某一個部位的中央，也就是臉部的中央，中央部位在我們收攝與凝聚時它比較能夠安定和均衡，且這個觸覺是隨時隨刻都能注意到的；如果說這個觸覺太粗，你可以調細，如果太細，我們也可以察覺到，所以它是非常適合我們用功的方法。

我們用這個方法數了，能夠把心凝聚、穩定下來，當具備某種程度的力量以後，再把佛號或話頭放進去，用這個比較凝聚的心提佛號或話頭，這個話頭進去了以後，它就會變成我們心念裡比較主流的作用。當心凝聚了再放進話頭，它就會穩在那個狀態。

如果我們開始時也用這個話頭，與念佛的方法一樣（念佛實際上也是幫助我們修止與修定），以話頭來幫助我們止於一境，也就是用話頭做為我們所緣的境，也可以把話頭提起來；同樣地，我們可以用數目字幫助我們，因為有時候我們用話頭時並沒有成片，但是卻不知道，偶爾話頭提一提，但是很多時候它都是不見的，這種話頭就完全沒有力量，因為它已經成為眾多妄念裡的其中一個妄念，這個妄念偶爾浮上來一下，所以它就沒有力量。

在使用話頭或念佛之前，身心還是要放鬆，若身體沒有放鬆，身體的觸覺就會太強，尤其是一些局部；身心不放鬆就不容易察覺到整體，局部的觸覺太強，心就會被拉過去，另外，如果心沒有放鬆的話，妄念就會太強、太多。所以我們要學習，把身心做某種程度的調和與放鬆以後，再把方法提起來，實際上放鬆的過程也是方法。

如果把話頭提起來了，接著數數目或者隨息，你再提話頭時不妨也數一數它，確保你的話頭是連續與持續的，並不是中斷的；然後再繼續念下去，直到話頭與心統一了，才把它轉成問話頭。

問話頭

當你問話頭時，也就開始進入到較為猛烈的作用了，那時候一定要將心凝聚，心要很有力量。這樣一來，當我們把方法用上去的時候，它才會凝聚成較有力量的疑情，否則的話，就只是提一提，讓它浮一浮而已。

比較理想的情況是，當我們身心統一時來用話頭，這個話頭就會很有力量；如果你想嘗試話頭的用法，就在身心比較放鬆或比較安定時把話頭提起來，以話頭來繼續收攝你的心，讓心在過程中也可以達到統一境，但是過程中必須確保話頭沒有中斷，而要確保話頭沒有中斷，我們通常就會用數目來幫助它。

當我們確定了話頭，比如說：「什麼是無？念佛是誰？打坐是誰？」或者直接問：「我是誰？」確定以後，把個人的這個「我」先提起來。由於我們在運作時每個階段都有不同的狀態，所以我們把它統一稱為這個「我」，然後再問它是誰。

不管你在拜佛或打坐也好，是身心的功能在運作，你可以察覺到身體，也可以察覺到心；至於這些身心或色法和心法，或者名色結合的生命體，心理與身體的作用，也就是身根的作用產生觸覺，進而產生很多心理的功能，也有很多身體的作用，當全部組合起來後，我們把它統一為一個「我」，至於這個「我」，我們真正認識他嗎？他所顯現出來的一切是真實的面目嗎？這是本來的面目嗎？我們知道：都不是！因此，我們要找出「我」的本來面目是誰？你可以直接參「我是誰？」、「我的本來面目是誰？」。

禪宗用的另一個話頭則是：「父母未生前」，這是提醒參禪的人，不要局限於父母已經生下來的色身跟心理的作用；在參這個「本來面目」的時候，不要停留在這個階段，一旦停留，你所見到的都是一些假相或妄念，它也提醒說，在功能還沒有顯現出來時，它本來的面目是誰？

當我們用話頭開始念的時候，你完全不要去理它；開始念話頭時，只要念到話頭與心統一，或者是以話頭幫助你攝住你的心、統一你的心，這時候不要去理會話頭到底在問什麼？或者是了解這個話頭裡的內容是什麼？你可以不理它。

比如說：「父母未生前的本來面目是誰？」你就念：「父母未生前的本來面目是誰？（語調平平的）什麼是無？我是誰？打坐是誰？……。」都是平平的，這樣我們的妄念才會沉澱下來，因為你很平穩地去安住它，把它做為你內心收攝所緣的境。

我們在用方法時，心不能急，身心要放鬆，所以在念時，你可以很輕鬆地念。有些人怕話頭跑掉，所以會用一種不放鬆的緊迫方法，這在念佛的方法裡稱為「追頂念」，當我們念話頭念到身心與話頭統一，要轉入問時，話頭都要很清楚的，不能似有似無的。

在念的時候可以放鬆地念，一句一句地念；如果心還不是很凝聚，害怕它會中斷跑掉的話，我們就念：「什麼是無一、什麼是無二……。」這時候基本上還是算修止，還沒有轉入到觀，這個過程是整個工夫很重要的一個部分；如果能達到心與話頭統一，而至可以把數目放下後，心裡只有話頭，或者是心主流的作用都是話頭，妄念打不進來，這時候你再把它轉為「問」話頭的方式。話頭句子後面原本是句號的，把句子念到成為問號句，當然，你在問時不要想像句子後是問號，而是你在心裡念時，是把它念成一個問題。

我們在問的時候，實際上你會發現到我們是要把心轉進去，或者是把話頭轉成一個很有力量的問題。如果這時候我們的心不穩定的話，或者話頭還未與心統一，可能很多妄念就會插進來，或者很多答案會跑出來；甚至到了身心統一了，這些答案也會被攪動出來。所以整個過程必須記住的是，任何一個念跑出來，都要回到話頭，話頭就是你的方法、你的正念；也就是說，你要用這方法的話，只有話頭，其他都沒有，都要把它放下，包括各種念頭或者你認為很好的、很美的，過程中體會到的某種境界，這些都要把它放下。

參話頭

話頭在念時，要念到心與話頭統一；而在問時，則要問到所有的妄念都要放下；它的作用就是，當你問時，慢慢地就會轉成一個疑團，或者是在問的過程中會發覺到它有一種動力，就是讓你想要知道、想要見到。當動力生起時，你就會要把話頭念下去，甚至在過程中，動力所產生的作用就是讓你有一種疑情，它類似一種好奇，但又不是好奇心；它類似一種你知道答案，但是在這時候卻沒有見到，或者是似曾相似，但又記不起來的情況，你就會繼續地一直想參下去。當力量愈滾愈大時，我們就稱之為「參」，這時候你就是在疑情裡了，整個身心都在話頭的疑情裡，這時候我們就轉入到參的工夫裡去。

不過，我們不要急著去追或者問些什麼東西，我們先把身心放鬆，再把方法放進去。剛開始時就是提起來，然後念它，這個過程有時候會沒有什麼「味道」，但是如果身心統一放鬆的話，慢慢「嚼」這個話頭，你就會嘗到那個「味道」，覺得更有趣、更有信心地繼續嚼下去。

如果你的心很散漫，身體還不夠放鬆，它的力量就不容易凝聚；開始念的時候，可以用數目數一下，如果數目字一直中斷的話，這就表示你的心還是很散、沒有真正放鬆，那就繼續用數目幫你，直到話頭可以成片，數目字可以放下，你的心就可以安住，與話頭可以融合統一，這時再轉成「問」，之後參話頭就會參得很有力量。

尋根溯源

禪宗是最中國化的佛教，很多的實踐方法都是很中國式的，自成一格。禪宗最典型的中國禪法是「話頭」，話頭是前所未見的，你在任何修行系統都看不到的，沒有一個教派使用話頭為方法的；南傳、藏傳佛教根本不知道什麼是話頭，但是漢傳佛教一講話頭就知道是禪法了。西方人接觸禪宗，最初是從日本傳去的公案，後來慢慢地也用話頭，西方人才開始認識話頭。實際上這個教法是很典型中國的，默照的禪法還是比較看到止觀，或者是比較有傳統佛教觀的方法，可是話頭的方法，則是純中國化的。

話頭是純中國化的方法

日本佛教與韓國佛教都是屬於漢傳佛教的體系；韓國佛教是從中國傳過去後

再傳到日本，所以他們所吸收的佛教是純中國的。古代的日本與韓國修行者沒有到印度取經，把佛教從印度傳回他們的國度去，所以他們的禪宗也是用中國佛教的方法。

中國禪宗用公案或者話頭，其實也是屬於比較後期了，早期禪宗很興盛的時候，並沒有指定用什麼法門，因為那時候中國禪師非常高明。智者大師認為，最高明的老師真正是觀機逗教、應機施教的，佛陀就是其中一個。佛陀說法沒有特定要說什麼法，都是看眾生而定。當時禪宗也有這樣高明的老師，但在智者大師之前，還沒有出現中國禪宗，還沒有這麼多高明的老師。

而在印度，當時部派佛教成立了，有體系了，佛教的修行方法也整理出來了。論師們把屬於教學系統上實踐與理論的部分都盡量涵蓋在內，才完成了體系。因此，論典裡很多都有體系。

禪宗出現時，就有很多高明的老師，因此禪宗興盛的時候，與印度佛陀時代有很多相似的地方，比方說六祖教了很多弟子，他也一樣沒有特定要教什麼，只要弟子一來，什麼根機就教什麼法，只要用什麼方式能夠開悟就用那個方法；六祖之後也有幾位高明的禪師在內，包括後來的趙州禪師，從唐代慢慢傳到宋代，北宋還算活潑的，到了南宋這方法就慢慢地系統化、規範化了。

到了南宋時期，禪宗剩下主要的兩派，一個是臨濟，另一個是曹洞，各傳了公案話頭與默照禪法。實際上，禪宗興盛的時候，老師都沒有固定的方法，各有各的風格，比如說臨濟有「喝」，但是有不同的「喝法」。這些教法都非常活潑，禪師會使用他們認為可用的方法，例如各種肢體語言，包括有「喝」、「棒」、「踢」，和其他動作等，這些都是其他宗派或系統所沒有看到的，但是在中國禪宗裡可以看到，可說是一大教法特色。

直到用話頭時，這真的是一個很中國化的方法，我們現在學的這個方法也算是很中國式的方法，但不一定是當時用的方式，因為方法在流傳的過程，還是會有一些調整與改變，包括聖嚴師父早期與後期所教的都有些不同，所以我們在學習的時候應該知道，它還是因善巧方便而有調整與改變，不過這個的確是一個很中國式的方法。

簡化修行的方法

講到修行，大家都把方法簡化；禪宗後來之所以流行，一方面是因為禪宗結合了很多中華的文化，另一方面則是因為把方法慢慢地簡化，簡化到只用一句話頭；而淨土宗則簡化到只用一句佛號；在禪宗的角度就是用一個話頭就要帶你到開悟的境界，而淨土宗則是用一個佛號就要帶你往生西方極樂世界，只用一句話就解決生死大事。

禪宗的話頭方法很簡易，但是卻很有內容，即使只是念念話頭也可以攝心，所以平時若沒事做，就可以提個話頭念一念，或是打坐時閒得無聊，也可以念念話頭。一般人的心都是散亂的，要用方法來調心，開始用方法調時，心會比較粗，慢慢地調就會變細，愈細的心愈趨向簡單，直到一心，最後開悟則是無心。

我們在用方法時，應該愈趨向細心、專心、一心，或將之分為集中心、統一心，讓心愈來愈趨向簡單。如果我們用方法趨向這個方向時，方法會愈用愈簡單。換言之，開始時我們會先放鬆身體、察覺呼吸的起伏，再數呼吸，然後放下呼吸，就見到它是一層層從較粗的部分慢慢剖開，愈進入就愈簡單，直到我們隨息時只有心與呼吸，最後連呼吸也放下，就只有一心。這時候的心不會位在哪裡，就是在心本身，它沒有位在任何一個點，但是你知道你的心已經凝聚成為一個不亂的心。這是借用呼吸的方法來凝聚，也就是我們的心在過程裡，先從收攝在一個所緣的境，慢慢將雜念、妄念放下，粗的念放下，最後細的念也放下，這就達到統一的心。

而最後這個念一定是跟「我」、「一」有關係，把它破掉後就是「無」。方法基本上一定是往這個方向去調，愈進入到深細時，心就愈簡單；到了隨息要進入到止時，心裡只要稍微用一些念或方法，很快就會變粗，而到這階段能做的就是繼續放鬆、繼續守住那個心，不能再加入東西，就讓它慢慢地、自然地運行。

到了一心，要進入到更深的定境時，你幾乎不能用方法，心裡只是守住它，繼續放鬆，這樣它就能夠進去了。所以到了某些階段，我們稱之為「無功用行」，不需再添加東西。我們現在所用的方便是種方法，但是到了一心的階段，會發覺到它還不是究竟的，所以要破掉這個「一」，要破掉就要用智慧，而智慧又跟思惟有關係，你可以思惟法義，即「無常」、「無我」、「緣起」、「空」等這些理論。

佛法的系統那麼龐大，其實就是在解釋無常、無我、空的法則，我們通過這麼龐大的系統，慢慢一層層地掌握無常、無我核心的念，掌握正見與法則。實際上我們在觀這個法則時，如果還要用思惟的話，也就是聞思的部分，當然它也可以進入到觀；但是如果你用觀，心還是會動，這個動會幫助你更細地掌握到這個核心，最後你所悟到的只有心與法則的結合或統一，比如說大乘佛教講「空」，就只有空，傳統上我們講「無我」，也就是悟到這個無我，而這個無我的法則就是你所悟到、見到的。

如果你還在思惟的話，那還不是證，證是直接的、直覺的，所以證的時候是現量，我們所知的有幾種：現量、比量（經過思惟的）、聖言量（聖人所講）以及證量，直到中國禪宗的出現，很多的這些過程都被放掉、簡化，直接到直觀、現觀的部分，但是，如果我們的身心沒有到達這種狀態卻去使用的話，實際上是不太能夠用得上的。

當你的身心狀態能夠調得很好時，用這個方法就很直接，只要你一用，當下就能見效，所以就有所謂的「頓悟」。要知道中國禪宗很興旺的時候，有那麼多禪師開悟，是因為當時中國佛教已經發展到巔峰時期，佛教非常普及，大部分來參禪、修禪的人，都有很深厚的佛法知見的基礎，以及修行的工夫。很多禪師已有二、三十年修行的工夫，在還未親近老師之前，自己已經下了很多工夫，所以後來遇到老師能很快就開悟，而老師只是用最直接的方法來接引他們。所以我們說禪宗的修行叫利根、頓悟，也就是禪師們具備了那些條件，這與佛陀時代的弟子一樣，他們都是利根、頓悟，因為當時這些弟子們也具備了深厚的修行條件和因緣。

佛教在中國盛唐時期所具備的條件非常深厚，不但天台宗、華嚴宗出現了，玄奘大師翻譯大量經典，成立了唯識宗，之前的鳩摩羅什大師也翻譯了不少經典，成立了三論宗。當時天台智者大師教學的止觀法門已相當普及。很多寺院都有人在修行，追隨禪師修學的，大部分都有深厚的根底，再加上當時僧人也效仿印度僧人參學、雲遊的傳統，所以我們可以看到很多有修行的行腳僧，川行於江湖（江西與湖南）之間。

這種狀況非常普及，甚至我們看到一些禪宗公案出現了「老太婆」，一些沒有受教育，在街邊賣點心的老太婆竟然也是開悟的！所以我們知道當時的這些人背景條件都相當好，大部分修行的人用很簡單的方法就開悟了；佛陀時代也一樣，一些弟子聽佛說八正道，修正見乃至正定，現場就證到阿羅漢果位！

我們現在讀的經典，讀起來好像很簡單，古往今來有很多人讀了就開悟，但是我們讀了卻不悟！很多人研究《阿含經》，都認為原始佛陀時代的經典非常重要，可是學者研究這麼多部的經卻都沒開悟，這就是不同的因緣，因為當時大部分的佛陀弟子都具備深厚的條件。

身心統一參話頭

很多禪師修行時都是一心一意地修，方法就是參一個話頭。當時叢林裡一些修行人，不要以為他們只是搬柴運水，他們的身心是處於統一的狀態，他們在搬柴運水時，就只有搬柴運水，沒有雜亂用心。

所以用話頭的方法，真正到達身心統一的狀態時，只要話頭一提起，很快就進去了；我們現在沒有辦法做到這樣的工夫，就先用前方便，先「念」，再「問」，直到有力量，有味道，有疑情了，再「參」，把疑團凝固起來，最後才破參，見到本性。

當我們念話頭念到一心不亂，在用的時候，你會發覺心不會受到雜念干擾，甚至在吃東西時，話頭也沒有離開，還繼續在念，再從「念」慢慢轉到「問」的方式；當問的方式轉入「參」以後，你會發覺到力量會醞釀，動力也愈來愈大，這時候我們的方向不是對外，而是對內。

念話頭一定要念對，有些人的內心會自己跑出話頭來，可能它只是一個問題，但是這些問題沒有用，它不成為話頭的話，就沒有用，比如說：「念佛是誰？」是往內的，你要問的是誰？什麼是無，要找的是「無」！方向一定要準確，不然就會跑到其他地方去了。

為什麼我們說話頭是很中國式的？因為它只能用中文參，所以傳到西方去，他們用的話頭就會怪怪的，因為中文可以凝聚到那個重點；我們知道日本禪最先傳到西方，日本禪所參的話頭是「什麼是無？」，影響所及，現在西方較為流行的話頭也就是「什麼是無？」。

話頭的方法非常簡單、非常單刀直入，但是要把方法用好必須具備好的條件，也就是要用前方便的方法，以達到身心的放鬆、調和、統一，到了這個狀態再把方法用上去，它就能夠直接切入；要達到這個境界，參禪人的身心必須調和。

身心放鬆與調和之所以重要，是因為如果沒有這麼做的話，不管用什麼方法都是跟妄念一起交雜，妄念與方法一起在流動，力量就會比較散，甚至沒有力量；如果你真是達到身心統一時，再用方法，就能夠直接進入狀態，妄念都進不來。

當話頭問到很有力量，進入到「參」時（參也是問，但是卻是很深、很細地問），往內心一直問，把所有的妄念都以話頭取代，也就是任何一個妄念、任何一個句子或答案出來，都變成話頭去了！不讓它有第二個機會進來，當你念、參話頭到這個樣子，就會產生疑團，我們形容它為「滴水不漏」！

很多時候，我們的身心都沒有辦法進入到那個狀態。古代的禪師，沒有雜亂用心的，一些禪師說只有在吃飯時才雜亂用心，可見他們的心都在那種狀態，也就是隨時隨刻都達到一心不亂。至於這個一心不亂，我們是可以達到的，它也是我們所謂的「定」或「統一心的定」，如果是佛陀的話，他就進入到更深的定，而且佛陀的身心是常在定的狀態中，但是這種深定並不是我們一般修的定，一定要靜坐才能進入。阿羅漢的定是要入定進去的，但是佛陀的定是隨時的。

而禪宗要學習的方法就是隨時可以進入統一境，因此，搬柴運水是在統一心裡用。這些禪師沒有雜亂用心，搬柴運水、吃飯睡覺都是禪，禪在這裡就是統一心，到這個狀態時，這些禪師所使用的善巧方便就有用。

禪師們具備這些條件的，都是屬於利根；如果我們具備這個條件的話，也是利根，也能頓悟，因為「悟」就是那個剎那而已，只是我們不具備條件的話，用哪個方法都用不進去。

比如說我們現在用話頭，用的時候要先念，念到一心不亂，話頭與心統一，再與身心統一，然後你才進去「問」，如果問時，統一境還不是很深的話，還是會出現很多妄念，因為在「問」時，會攪動我們的心，妄念翻出來後，你就進不去了；所以你必須到達那種境，方法才能直接切入。

我們必須了解的是，當時的人容易開悟，是因為他們具備了條件，這條件也可能是三、五十年修練而來的；不過禪宗的方法傳到中國的時候，由於中國人的智慧是直接的，所以他們就用這種直接的方法切入，而不要繞大圈切入，因此這個方法在這些人身上很有用，與佛陀時代，只要佛陀講兩句話就能令人開悟的情況很相似，因為當時這些弟子都具備了深厚的條件與因緣。

現在很多人讀完了《阿含經》都沒有開悟，這表示我們需要次第地修，如果你把經裡的內容真正下工夫去修，也是可以開悟，只要具備這個條件與因緣，因為你已經進入到很深細的思惟與觀想的狀態，明白到這個法則，所以別人一提起，就明白了。

我們必須知道我們現在沒有這麼深厚的外在因緣條件，就應該自己培養，所以我們設立類似的禪修課程讓更多的人來凝聚，而自己本身也要培植條件。開悟是沒有人可以給你的，只能自己修，最關鍵的時候只有你自己悟，不然就算禪師打破你的頭，你也不能悟，你不到那個階段是沒有辦法的。開悟是師父給不了的，你必須要修，修到一個階段以後，方法一用，它就自然上去了。

我們現在用的這個方法很簡單，先把前方便做好，做好後繼續用功，先用念的方法統一身心，當然間中可以偶爾問一問，如果問的時候雜念很多，就把它拋開，問時有什麼答案，也不要它！在用功時，一直往內，讓疑情愈凝愈大、愈有力量，慢慢凝成一個疑團，那時候就「滴水不漏」，你才是真正進入到那個狀態。

用話頭時，一些同學的身體內有很多「氣」，所以會大喊大叫，其實一直叫喊是沒有用的，因為氣一出去就洩了，所以一定要回來。念的時候是平的，因為念時要修止，當然你也可以往內，但是它一定是平平進來，問的時候一定要往內，像這樣子的過程，它就一定不會在外面找答案。

所以在用話頭方法時，我們先把前面部分的工夫用好，能夠統一我們的心就統一，如果不能，沒關係，繼續用功，間中如果發現到沒有放鬆，可以回到放鬆部分；一旦心比較散漫，在念話頭時沒有什麼力量，可以察覺一下呼吸或數一數呼吸，這些都是方便，都是止的工夫，也就是把我們的身心先安定下來；到這階段時，再念話頭，心就比較能夠攝住，比較能夠與話頭相應，就可以再往深一層用功。

這些就是我們的方法，方法很簡單，但是必須要具備很多深厚的因緣條件；當我們還沒有這麼好的條件時，就要自己培植出這些條件。

話頭要領

在用話頭時，有幾個部分需要注意的：第一，念話頭時要平和、放鬆地念，切勿念得太快，也就是速度要放慢，不要害怕話頭跑掉，如果你因為怕話頭跑掉而用「追頂念」，緊接不斷地快速念的話，話頭就會念到不清不楚。要讓話頭與心統一是很難的，所以我們就平和、放鬆地念它。這時候話頭的作用是幫助我們攝心，也就是話頭成為我們用功的一個境，我們總是把心收回到話頭上，把話頭與心放在一起，跟它相應。

第二，不要配合你的呼吸。一旦用話頭，呼吸就要放下，不要用呼吸來念話頭，因為你的呼吸是生理的，它有時也會變化，所以我們把它放下，只要用心在念就好。這樣我們就不會去控制呼吸，對於一些一碰到呼吸就會控制呼吸的同學，說不定用話頭或直接轉過去念話頭或念佛，可能是一個很好的方法。

參禪要放鬆不緊迫

雖然我們講話頭是滿好的，而數呼吸是對治散漫心的一個方法，但是好的方法不一定每個人都能用得上，所以我們用一些可以幫助把工夫用上去的方法。不跟呼吸配合的原因，主要是因為一旦你控制了呼吸，在念的過程中，呼吸可能就會累積成「氣」，當氣累積太多時，你就要「發氣」，所以一些同學用這個方法不小心用到呼吸，逼得太緊他就會喊叫，這是因為他在「積氣」。

我們知道日本禪堂用這方法用得很緊迫，當積了氣以後，他們有時候需要到院子去「放氣」。放氣的其中一個方法就是喊出來，喊完以後，氣洩了，就會靜下來。如果我們是控制呼吸來用功的話，這個過程有點耗力，所以我們可以不掉進去，就盡量不掉進去。因此，我們不配合呼吸，也不要用緊迫的方式，因為身體緊繃，多數是因為控制呼吸，而且緊繃也會積氣，不小心也可能會喊出來。我們現在是要修止，所以盡量放鬆，不配合呼吸，也不用緊的方法。「止」是要你全身放鬆，當你完全放鬆的時候，心就能夠止於一境。身體完全放鬆，才能與心統一。

很多時候我們自以為已經放鬆，但是身體很多部位（包括內部）還是緊的，尤其我們內部一些有潛伏性毛病或有過內傷的部位一定是緊的（因為受過傷以後，它就不能鬆），因此我們的氣可能就透不過。

還有另一種情況就是：我們以為已經放鬆，但是內心還有一些煩惱、習氣，這些習氣與煩惱會累積成團、會凝固。它雖然不是生理的，可是這些東西凝固以後，它也會影響用功；一些脾氣比較硬或剛的人，比較容易繃緊，當他們用方法時，會很容易有氣。所以這些凝固的習氣也會影響我們的生理，尤其在用功，身心要統一，你生理不放鬆的部位，它就會緊繃，一緊就會影響呼吸，因為我們的呼吸剛好就是生理與心理間中的作用。

我們也常提醒大家在專注呼吸時，生理或心理出現狀況時，我們可以從呼吸中察覺，不只是生理在繃緊時呼吸會粗，心裡出現某些負面情緒的時候，呼吸也是會粗。不只生氣時，呼吸一定會粗，恐懼、害怕、緊張、起貪欲時，呼吸都會變粗。

我們在調和身心時也一樣，心裡有些凝固的習氣，也會影響我們的氣，有了這個氣，有些人會喊出來，有些人會哭出來，有些人則會笑出來，這些都是比較明顯的例子。

另一些較不明顯的情況，例如我們在用功時也沒有積氣到很緊迫需要發洩，不過我們身體的這些氣有時候會顯現為一種擺動，這些氣也會積到我們的胃部，就會打嗝，有時會上氣，有時會下氣。這些都是我們身體的氣，打坐不只是生理上會積氣，心理也會。

所以我們在打坐用方法時，要盡量放鬆，這些狀況出來我們就盡量讓它鬆掉與抒發掉。有時候你會發覺到自己沒來由地就想哭，也不是有什麼傷心事，就是想哭，那就哭吧！因為你是積了一些氣，必須把它抒放出來；笑也一樣，應該把它抒放出來。

我們用話頭用得太緊、沒有放鬆，可能就會出現上述這種狀況。有些人積得太厲害的話，甚至會把話頭也念出聲來，因為念時太緊繃，它就需要抒放。如果我們適當地用方法的話，就沒有什麼問題。因此我們念話頭時，不急也不緊，盡量放鬆，平和地念。

凝聚疑情

話頭在「念」時是平的，當我們在「問」的時候，它就要向內，在「參」的時候，它就自然進去了。只是在「問」時，要把方向往內攝，這類似「六妙門」裡所指的「還」，也就是一種稱作「還觀」的方法。話頭其實是往這個方向的，就是往內不斷地問，所以我們在用的時候要往內，即使念的時候是平的，也讓它向內心的方向去，而不向外。

念話頭不是要去找答案，念「跑香是誰？」、「打坐是誰？」，而不是「誰在跑香？」，念時都要往內，不是對外，要注意讓你的心往內攝。念「什麼是無？」、「念佛是誰？」或「打坐是誰？」，念的時候，方向必須調向內，要不然，話頭念久以後，就會從口裡念出來，就好像念佛從心念到口念一樣。實際上，懂得念佛的人，都是往內的。

有些人念話頭會念到向外，他就想從外在試著看可不可以找到些什麼。這些人參話頭有時會有很多有趣的答案出來，因為他一直四處找答案來回答話頭。當我們對外時，會跟妄念一起跑，因為我們的妄念是從內浮出來的；但是當我們往內時，我們也會對到妄念，這時我們只要一直守住話頭，也就是妄念一來就只有話頭，沒有妄念，任何妄念迎面而來，你都一概不理它！你只有不斷往內再往內，才能夠慢慢地把心靜下來，疑情慢慢地就會凝聚。

問話頭就是要凝聚我們的疑情，這疑情愈凝聚愈有力量，它就愈往內攝，因此我們在用時，有必要知道這個話頭的方向。一般來說，我們用的話頭多數是來自古代禪師的公案裡，一些比較關鍵的句子，我們當作話頭來用；在禪堂裡，老師所給的多數是古代祖師大德在用或參透的話頭。

在打坐的過程裡，可能有些人心較靜時，也會浮現一些話頭，但是自己內心所浮起來的問題，就要注意：可能你本身有參過話頭，也許不是在這世，也許有宿世的因緣。如果這些浮現出來的話頭，符合我們在參或與歷代祖師所用的有共同性質的話，我們就可以用；反之，如果內心浮出來的只是一個問題，而這個問題是你可以用一些邏輯思惟的方式去回答的，這樣就不算是話頭。所以你內心有浮現這些問題的話，就一定要找師父，請示看看這個是不是話頭。如果不是，你就把它放下，是的話就可以繼續用。有經驗的老師可以聽得出來，你內心在打坐時所浮現的問題，能不能成為話頭。

用話頭通常是以一種較為平和、放鬆的方式來用功。當進入到問話頭的階段時，內在的力量會慢慢地凝聚，在凝聚過程中，有些人會現出較為猛烈的相出來；當然也有一些人話頭「問」到很好，「參」到很好，進入到疑團時，都還是平和的。但可能他們時空的觀念會與我們有所不同，和我們平常的行為較不搭調。我們是「正常」，他是「非常」或「超常」，雖然是「非常」的狀態，但不是「不正常」，當然也有參話頭參到不正常的，所以這個要多注意。

一般在禪堂裡，有這些「非常」現象的人沒有問題，他們進入到那個狀態後，還是會照樣吃飯、做事，但是他們的時空觀念和常人相較會有差異。時間有時候會停頓，跟我們想像流動的現象不太一樣。當往內攝時，感官作用有時對外面的反應會有些不同。用話頭讓心往內攝，但還不是完全到入定的狀態，那時可能只是身心統一，或進入到比較統一、比較細的狀態，感官作用對外可能就不那麼敏銳，甚至有時候時空的觀念會有所不同。

如果在禪堂，老師知道就沒有問題，但是在家裡或一般日常生活中就不鼓勵有這種狀態，因為家人或外人都不懂。你生活在對時空反應不同的狀態中，可能會造成一些麻煩，或者對自己可能會有一些危險，比如說你對汽車的反應慢了，車子明明在走，你以為沒有走，那就很危險。

老實說，很少會有以上的情況，因為在家裡的生活作息要凝聚這麼大的疑團，是不太可能的；以前在叢林裡勞作的禪眾，有些是進入這種狀態的，他們身心統一以後，用話頭進入這種狀態，如果有高明的禪師，在適當時會給他一些點破，可能這就讓他們開悟或有所突破了。

在禪堂內一起用功，沒有什麼大問題。實際上，禪眾參與這麼密集的課程用功，才可能會出現這種狀況，但是短短幾天的課程想要讓你進入到疑團，也不太容易，除非你平時都有在用功，而在密集課程中，又以比較長的時間在用方法，比如說整個月時間都在用，工夫都有一直在延續。如果沒有的話，能夠在一個禪七或禪十課程就進入這種狀態，就是比較利根的。可能他不是這一生修來的，他已經是長期都在修行，在開始修行時就發願盡未來際修行，這一段只是他盡未來際修行過程中的一段。

如果是一些打了很多年七的禪眾，都一直處在平穩的狀態，那是不斷地累積工夫，十年、二十年的累積下來，到了某個課程時，這個因緣會慢慢具足。但是如果只參加幾個課程後，就想會有什麼效果，就不是那麼容易了。也許偶爾會有些效果，因為我們在用功時，身心統一的狀態如果用得好，基本上還是可以做到，問話頭時也會問出一些疑情，當力量不是很夠時，偶爾會有一、兩個答案跑出來，但是過程中，你會得到一些法喜。要凝聚到能夠破參，也就是大爆炸的那種過程，其實並不容易，但不是說不可能。

我們知道近代的虛雲老和尚，就是一個很明顯的例子。但是我們要知道，虛雲老和尚二十歲就出家，他被杯子燙到手開悟時已是五十多歲。間中三十多年來老和尚一直都在用功，都沒有停過工夫。他最初修一些外道的苦行，躲到深山，穿得破破爛爛，衣服也沒換，只吃一些簡單的東西，後來他在打坐時被人看見，當時樣子像極野人，頭髮長長的，他便被帶到一間寺廟。寺廟內有一位天台宗的法師，看到他來時就問他：「你是人還是鬼？如果是人的話，為何有這個鬼樣子？要修行就要有人的樣子。」於是就叫他清洗乾淨換上乾淨的衣服，然後再教他修行的方法。過後虛雲老和尚也用了很長的時間來修，平時都打坐用功，用了三十年的工夫才得到徹悟，是一種非常深的悟境。虛雲老和尚悟後的六十年都一直建道場弘揚佛法，當時很多禪宗的道場都破敗、衰微了，老和尚復興了很多這類的道場。

像這樣大利根的禪師，也用了這麼長的時間用功才大悟徹悟。我們一般修行的人，偶爾會有些小小的悟境，感覺就會好歡喜！有時在過程中，有些人也會對佛法有所領悟，這些淺淺的悟境在打坐時都會有的。當我們用話頭能夠凝聚疑團的話，就能達到這個悟境。如果真正破參見到佛性，這樣的悟境就會較深，而且也會比較安定。

以修行的角度來看，一般見到了佛性，信心就不會退轉；佛性是什麼樣子的呢？當你見到就會知道！修行破參以後，有時我們會說像開心眼，心眼開了就看到了，佛性就是要用這些方法修才能見到。實際上，我們的心眼是被妄想、煩惱所遮蔽，我們在用功修行時，不斷地破除煩惱，直到見到佛性。

見到佛性以後，就會知道佛法的修行的確如佛所說。有時因為我們的習氣很重，見到以後不一定就直接證到。見到後信心就不再退轉，你知道這個方向是對的，所以你就要慢慢地把煩惱、習氣剖開，直到證到為止。

我們在用這些方法的過程中，會有不同層次的領悟；當我們靜下心來，不一定就進入到很深的定境，但是當心靜時閱讀佛書，對一些句子會較容易明白。所以如果我們念經前，先將身心調和的話，會發覺在念經過程中，與經文較為相應，心更安定，更細、更專注或進入到一心的狀態，當我們讀經論時，就更容易領悟或深一層地理解句子所要傳達的內容與訊息，不只是字面上的意義，而是字面背後所要傳達的訊息。畢竟文字只是一種工具，會有一定的局限，而結集經典的聖者及寫論的論師，他們很多都是從禪出教，在禪定與智慧中傳達訊息。訊息的傳達一定要通過語言文字，但是語言文字本身卻是有限的，所以它沒有辦法透徹地把它傳達出來，但是一些有所領悟的聖人所用的文字，一旦我們與他相應的話，心裡就會有一種較為內在的領悟。

身在公案中

同樣地，我們在閱讀禪宗公案時，對於該公案所傳達的訊息有種很歡喜的感覺，也知道這公案所要傳達的訊息，雖然只是幾句話，可是你就是知道，內心裡感覺自己就在公案中，有那個過程，就是你的心跟公案的境界相應了。因此，如果身心調和方面有用功，身心常處在調和放鬆甚至專注一心的狀態，在閱讀這些書籍、典籍或學習公案時，真的會有感應的，你會更深一層領會到它所要傳達的訊息。

一些對佛法有較深體會的祖師大德或禪師，在傳達訊息時很會善用文字。例如中國有很多禪師喜歡用禪詩來傳達他們的悟境，當我們讀了這些禪詩心生歡喜，感覺跟他有所感應，知道禪師要傳達的訊息，這就表示你在用功時，在某種程度上有相應的地方。但是一般人心粗粗的，就讀不出什麼味道。

現在很多老師或法師都很喜歡講述禪的公案，講得很生動，原本的公案只有幾句而已，經過講述就變得較為生動。但是如果你讀的是原版的，那種歡喜可能會更深。我們閱讀佛書也一樣，加很多「料」的雖比較容易讀，但是讀完後可能就只有清清淡淡的那個印象，領會也不會那麼深入。當然也有人會把這些加了「料」的書一一做分解，慢慢嚼出裡頭的味道。

一些比較利根的，一讀經典直接就明白領悟了，這就是身心都有在修行的；我們也可以嘗試用這個方式，常常調和、放鬆、收攝我們的身心，讓身心處在那種比較細、專注與統一的狀態，這時再來讀或念這些經文，會發覺比較有感應或領悟。自己讀了以後就會知道，有些人知道但說不出來，只是自己心裡領會，這就是啞子吃蜜糖，甜在心頭講不出來！

反過來說，如果我們的心沒有調，那吸收的總是外在的東西而已，心只能夠用很表層的程度去了解它。很多學者的學問可能很廣，但是由於沒有真正領悟法義，所以他們所寫的論文，很多只是把經文堆砌起來，符合學術的要求而拿到一張文憑或學位，如果叫他們真正講述，不一定講得下去。當然，其中也有一些是很虔誠的信徒學者，他們在閱讀時，對法有用心去領悟，這樣子他們所寫出來的論文就會較有深度，這是心裡去領會的深度。

我們必須知道從開始用功修行到開悟，是要經歷一個過程，你必須去修、用功與調和。不這樣子做的話，雖然通過文字還是會明白一些東西，畢竟文字是傳達訊息，只要我們有文字的程度，還是可以讀得懂的，可是像經典或佛法所要傳達的是一種真實相或真諦，它就不只是傳達學識或知識而已，它傳達的是一個真理、一個悟境，是需要用心去悟它，那就不是表層的工夫所能做到的。

所以當我們用方法時，要真正去用功調和身心，再以這樣的身心去接觸佛法，以這樣的身心去修觀的方法，如此才能達到悟境，才會對法有深一層的領會，了解法所要傳達的真正內涵。

打破文字的局限

讀公案也是需要這樣子讀，要用心去悟。禪宗在很興盛的時代，很多禪師也表示不立文字，其實不立文字並不是不要文字，只是不要被文字束縛。事實上當時他們用文字是用得很多，只是一直提醒我們不要被文字束縛，不被文字所束縛就是要讀出文字背後要傳達的訊息，最後當禪師發覺文字也沒有辦法了，那就只好用拳打腳踢了！

比如你問禪師：「什麼是禪？」只有一個方法，不是拳打，就是腳踢！為什麼呢？只要我跟你說禪是什麼，就表示相反的全都不是禪了！這就是文字的局限，所以就只好用肢體的語言讓你自己去領悟，如果你沒有到這個程度的話，就白白挨打了！如果你有到這個程度的話，你就悟了！

這種方法是為了打破文字的局限，但是這要有因緣、有條件才行的，所以高明的禪師他能夠觀機，如果發現「機」不對的話，都不理你！並不是說你要挨打就打，想被踢就踢！

後來，這種機緣漸漸失去了，我們就沒有看到這麼高明的方法了。現在我們用比較不高明的方法，就是用功、用功、用功，但是如果你用得好的話，還是可以有所領會的，這是自己必須用功去修的，條件一旦具備了，還是會有機緣的。

即使禪法傳到西方，也是一樣要經歷用功修行到開悟的過程。西方是目前文化層次發展得比較好的地方，他們所受的教育與文化，實際上對他們的修行是有滿大作用的，但是要發展到像當時禪宗興旺到處處是禪機的程度，大概還需要一段時間。到時候發展出來，他們會用什麼方法是我們沒有辦法想像的。我們現在只是把方法傳過去而已，最後所開展出來的佛教就是他們的佛教，它會受到文化、時空的影響。

中國佛教曾經輝煌過，但是世間是無常的，上了高峰後，一定是往下走。走到低谷時，如果沒有滅掉，它還有機會再往上。但我們需要知道，要在佛法中有所領悟、體會，那是真正要用身心去修，去領會的，所以這些方法在用的過程中，是幫助我們慢慢地進入。如果方法用得很好，往正確的方向進去，還是有機會的。

當具信心

大家在學方法時必須對方法有信心，如果沒有信心的話，什麼方法都用不上去；對方法有信心，實際上它包含了很多內容，這也包括了對自己要有信心，也相信自己用這個方法後，能夠跟著這個方法而達到效果。因此，要相信自己能夠做得到之前，必須先相信方法，更要相信教方法的老師。除此之外，你還要相信所用方法的傳承，因為你的老師也是跟他的老師學的，最後我們要相信佛、法、僧三寶。

清淨的大信心

這種相信是心沒有加任何東西進去的、是清淨的；實際上要做到這點，有些人會認為很難，但是也有一些人簡簡單單、單單純純地相信老師所教方法而做到。這些人一進禪堂，老師講什麼他就照著做，這樣一直下來，也有他的受用。

看起來很簡單，就是相信而已，不加任何條件，但是很多人卻做不到。有些人在用方法時，就一直懷疑這個方法到底行不行，當你有太多思惟加進去時，在用方法時就會有所保留，懷疑自己用功有用與否，這就把很多妄念加入裡面。

有時候對方法之所以沒有信心，是因為對老師沒有信心，因此我們在建立信心時，的確不容易。在修行中，佛法所講的「信」，指的是清淨心，你要「信」，才能夠「入」，沒有「信」就進不去，但是這並不是一種崇拜的「信」，崇拜的信稱為「仰信」。佛法的信必須有清淨心的信，沒有加任何條件進去。但是我們發現到不容易的是，我們會用我們的眼光來批判，然後會有所要求，比如說要求老師是完美的，沒有任何瑕疵，行為上也沒有任何差錯的。

如果老師要保持這種形象的話，他只有一個方法：就是保持距離，保持神祕。即使佛陀這樣圓滿的人，在一些人的眼光裡，還是會看到一些缺點，因為他們的眼光裡加入了很多自己的要求，而這個要求可能是有問題的。

有些人會想，阿羅漢都是解脫的聖者，絕對不能有缺點，可是舍利弗還有瞋的習氣，迦葉尊者也有慢心的習氣。很多人就會認為：「怎麼可能？這些都是已經解脫的聖者啊！」在這些人眼中，聖者不能擁有一絲一毫的缺點與習氣，只要一有缺點出現，就不相信他，認為那肯定不是阿羅漢了！

因此，要建立清淨的「信」並不容易。在用功時，信心生不起來就是一種障礙，這種情況尤其在用功到關鍵時刻，缺乏信心就進不去，因為你會有所保留，不敢進去！我們在用話頭方法時，一定要具備大信心，這個信心是沒有條件的：老師教這個方法，我就完全相信，一直用下去。用到最關鍵時，即使出現很多狀況，也要沒有條件地繼續用功，因為這是老師所教，要相信這方法是有用的！

信心不足就無法過關

尤其當疑團出現時，如果你沒有信心，就進不去，也過不了關；你要有完全無條件的信心，也就是清淨心，工夫才能完全用得上去。要是在之前用功的過程中有太多的保留，或者加了很多自己的東西進去，會發現在用方法時，常常用到一半就用不下去，而且有時候是找不到原因的，這其實都是信心不足的問題。

有些人是對老師有信心，對自己卻沒有信心；或許你知道這位老師一些修行的經驗，或者是你親近這老師時，發現到這老師確實有他的修養，當然你不能用完美來看待這個老師，只要這個老師是有修養、行為也合乎標準，我們就可以向他學習；但是當你發覺到自己學到某個階段時卻沒有力量了，這是因為對自己沒有信心，所以方法一直用不上去。

除了對自己要有信心，對老師、方法及三寶都要有信心，這個「信」是完整的，只要信心不夠，就不容易投入進去用功。反之一些人一聽到經典就能投入進去，因為他沒有任何懷疑；有些人聽到佛法說眾生都有佛性，他就相信自己有佛性，能夠成佛，雖然還沒真正用得上去，但是他已經很確定這個方法是可以用的。

在用功的過程中，必須建立這個清淨的「信心」，而且這個信心是要完整的，我們稱之為「大信心」；有這個信心，我們在用功時才有力量，如果沒有的話，就要加以培養。

培養信心的過程並不容易，另一種情況是自己要實際去用，在用的過程中，先不要加太多屬於自己的東西進去，儘管會發現到自己在用的過程，可能不會用得很好，但是我們知道它是有用的。這個過程中，我們必須具備「仰信」的條件，也就是信佛、法、僧三寶；在「信」當中，我們心裡會有某種程度的崇拜，也就是相信佛陀所說的法，也就是聖言量。相信佛陀所講的，相信這是聖人所講並流傳下來，再由老師傳授給我們。

這樣子從心裡去相信佛法的內容，比如內容講的是因果，就相信因果；若講的是眾生有佛性，就相信眾生有佛性。相信因果就知道善有善報，惡有惡報。有修行的因緣就能夠達到修行的成果，有因有緣必有果。當你信足了，就照著指導去做，不該做的就不做，該做的就多做，這樣子從中去得到一些體驗，再繼續加強自己的信心。

當我們什麼都不懂的時候，就要接受與相信教導的人，在理解過程中，慢慢去分析它的合理性，再合理地接受，直到無條件地接受、十分地相信。如果我們能夠完全相信因果的話，那就解脫了！我們現在相信因果的分數都很低，常常說信因果，但什麼時候才真正相信因果呢？當因果聽你話時，你就相信它，也就是你要的都得到，那就是因果「聽你的話」了！所以說很多時候，我們都不大相信因果。

有些時候，我們會說要看到才相信，但是有些東西是沒有辦法看得到的，你必須相信它的存在、相信它是在運作的。

一個人能夠活著真不容易，如果追溯家族血脈，你會發現到：真的不可思議！一個人之所以能夠生到人間，首先因為他有父母，他的父母也有父母，他的父母的父母也有父母……，因果真的不可思議；而這因果是看不到的，但是它就是由這因緣延續下來，所以有些東西不能說看到才能接受，有些是從比量，有些是從現量知道的。如果你能夠證道的話，那是最理想的，而我們多數是通過聖言量和比量。有時候在過程中我們相信現量，但是我們必須知道我們的五根所接觸的五塵是非常有限的，包括我們看到的書也很有限，所以很多學術的研究，只能夠就所得到的文獻而做出結論；很多學者做研究，他都相信證據，可是這些證據並不能代表全部，每一個時代有多少的證據被有意地或無心地毀掉了，因此，現量所看到的並不是全部，可能只是一小部分而已。包括我們用眼根、耳根所看到與聽到的都是很有限的，我們所看不到的，並不表示它不存在。

實際上，很多東西在某種程度上必須相信，包括你必須相信某些人所講的，而這信心是建立於對他的行為、道德或學問的基礎上；照著這種方式，我們去用或實踐它，過程中可以通過修持、體驗，將信心慢慢建立起來。

要建立完整或滿分的信心並不太容易，但是在過程中，我們不斷繼續地增長我們的信心，通過自己本身實際的運作（但實際運作前必須要有信心），而不要加入太多的妄念進去，就是單純地相信方法該怎麼用我就怎麼用，該投入就投入。

漸漸地，你會發覺到過程中會清理掉一些障礙，讓你更容易進去。當然間中可能會遇到某種情況，需要一些較具體、比較感受得到或看到的，來幫助我們培養信心，所以佛菩薩會用各種方便、善巧，以增加我們對方法的信心。

讓心像一張白紙

我們在用功時，有些時候必須把自己放下來，即放下自己的成見。跟隨老師學習時，盡可能投入其中，盡量不加自己的成見，這樣在學習過程中會較受用。當然可能在這之前，為了讓自己更有信心，也需要一些了解，並不是盲目地投進去。了解後，進入到課程時，盡量將身心投入到課程裡，相信課程所教導的，並盡量配合去做，全心地投入用功。

在用功時，有很多條件必須慢慢培養。條件一旦具足了，我們在用功時就會比較順利，條件不具足的話，會有很多的障礙。當你有了信心以後，就會比較精進，能更有力量投入。信心真正比較足的人，會比較用功，因為知道這樣子用功是有用的。

我們辦課程常告訴來的學生要放下萬緣，也就是什麼都不帶進來，以一個很單純的身心進來，佛法就比較能夠熏得進去。如果心像一張白紙，就比較容易上彩；但是我們的心很多都不是白的，所以在上彩時，顏色就不容易呈現出來。修學佛法，愈單純、愈是以清淨心來學習，就會學習到較為原本的東西。

這就是我們在修學過程一個相當重要的部分，可能我們平時都沒有什麼注意它，甚至沒有把它放在很重要的位置上；所以有時候我們會發覺到自己為何學了這麼久，還是上不去？因為當中我們加了很多自己的東西，或者是我們在用功時，信心不能清淨、不能完整，用功就會有所障礙。

單純用功

關於話頭的方法，大致上重要的我們都講完了，但是在運用時，很多人還是沒有辦法把所講過的都用上去，尤其在學習過程中，不是每個人都具備相同的條件，因此，有時候會發現自己只能夠用到某個階段，那就在那個階段上用功。

如果我們不在現有的因緣或當下的條件來用方法，多數都會用不上去的。當我們不具備條件，卻覺得自己用上去了，甚至有些同學還會認為自己用得很好，實際上是不太可能的。如果身心沒有放鬆，是不太可能身心統一的，而身心不統一，想與話頭統一更是不容易，以此類推，當話頭不統一，想要將話頭問出疑情，或往心內探入，也都是不容易的。

疑情沒有生起來，就不可能凝成疑團，沒有疑團，就不可能破參，因此，程式上是要具備足夠條件，要一個階段接另一個階段把工夫用上。

如果不具備某些條件，你可能看起來也像在用功，甚至也認為自己已在用著那個方法或用功至那個階段，但是很多時候都是你自己想像出來的！就好比師父在講方法時，你就把自己所聽過的當做自己的工夫，心裡就會想像：「我現在身心都統一了，我就念話頭……。嗯，與話頭也統一了！我就問話頭……，我問出這個疑情來了……，形成了疑團……。」

這些都是你想像出來的，是妄念！我們在打妄想時，感覺好像是，但其實並不是！我們常會碰到這個問題：不講清楚給大家聽，怕大家盲修瞎練；當講清楚給大家聽，大家就胡思亂想！

老師都會告訴你這個情況，再詳細地分析給你知道，但是你就會把老師講過的、你聽到的（那是別人的東西），直接就放到腦子裡，然後就在那邊猜想自己是否已到了那個階段，當你想久了，就變成好像是了。

我們在用功時，有太多的妄念與妄想，這些都沒有用！到最後才發現自己什麼都不是，連基本的工夫也丟掉了；我們不斷提醒大家，用功時心要很單純，不要妄想，妄念來時都不理它，也就是說，你在用話頭時，不理這個妄念。

其實我們在放鬆身心的時候，都不理妄念，妄念來時就是不理它，也不要去討厭它、排斥它，因為一旦排斥，你就會以另一個妄念去驅趕它，而這個妄念可能比原本的妄念還要強。

回到方法上

如何不理妄念呢？回到方法上，心就定下來，妄念就會跑掉了；當真正放鬆身心時，妄念很多都沉下去的，很粗的妄念都生不起來，剩下的都是一些比較細的妄念，你繼續調和、繼續收攝，能夠察覺呼吸、數呼吸，心就更細了。在那段過程中應不斷記住，我們在往內收攝時，每一層都會出現妄念，有時我們會發覺到好像沒有妄念了，那只是一個過渡，但是當我們的心觸到那層時，妄念又會飄起來，這時，我們只有繼續守住方法，都不理會它！

當我們的心到了統一境的時候，較粗的妄念基本上都不多了，但是較細的妄念還是會有，我們就繼續用功，然後再把話頭放進去持續念；當你的心與話頭統一了以後，粗的、中的，甚至細的妄念都會沒有了。真正用功的話，你會發覺到，自己是一層接一層地進去，而外面則是一層層脫落，開始是感覺的作用，接著就不受感覺作用干擾了，甚至狗吠人叫你都不受干擾了，因為你的心是往內攝。

直到你能夠專注話頭時，就提起來念，跟話頭統一，而這些粗重甚至細的妄念已經慢慢地沉下去，話頭也慢慢地變成心裡的主流念頭。我們的心像流水，平時就像洪流，當我們收攝再收攝，正念變成主流，妄念只跟在旁邊，並不進來干擾。

當心轉成問話頭時，心更加收攝，話頭的念更強、更有力量，方向是往內的，而妄念還是會浮起來，因為愈往深處，愈細的妄念就會浮現；無論出現任何一個妄念，你都是用話頭，只有話頭，沒有其他的。

如果你進入到更深的參話頭，就可凝成一個疑團，那時你就會發現到自己整個身心都在疑團裡，再沒有妄念；到了這個階段我們繼續地用功，沒有任何的念頭。只要一個出現念頭，而你去捉的話，你就會洩氣，疑團可能就沒有力量了。

心裡有任何的念頭出現都不對，也不是，這些都是你的妄念與妄想；到達那時候可能你已很有信心，但是有些人會害怕，一方面是他對方法沒有信心，另一方面是他對師父沒有信心，甚至對三寶沒有信心，所以當疑團來時，我們稱之為像在黑漆桶裡，你可能就會害怕了。

一些人害怕時就會出問題了，或者有一些害怕就不敢修進去了，趕快跑出來；相反地，如果你有信心的話，就直接進去了，一頭栽入，有怎樣的狀況都不管，反正就是師父說的你都相信，祖師所教的方法你也相信，直到最後自己去體驗。

如果間中進不去就沒有辦法了，因為信心不足就進不去了；另一種情況就是，你以往所學過的一些句子會浮現出來，你隨便就捉一個當答案，可是這答案是你自己給的。浮現出來的都是妄念，因為這是你心裡的一個念。

我們在用功時都很多這些妄想，就是不能死心塌地去用功，也不能把自己的身心簡化地用功；實際上，不只是我們到了那個階段要這樣子來用功，而是一開始時心就要很單純，知道自己是來用功的，如果發覺自己身體還調得不好的話，就老老實實地調身，所有的妄想都不去理會，更不要去想像。

當別人用功用得很好時，讚歎別人，當別人工夫用不上去時，同理於他，也將功德迴向給他及自己；如此一來，你的心就不斷地在調，都是往正面去想，有妄念或煩惱生起，你也很快又回到自己的方法來用功。

這樣子是在方法中維持正念，把方向調往正的方面，也就是往佛道、修行的目標而去。當心跑掉了，就調回來，拉回正的方向去，一回到這個方向，只有方法，不要想太多，也不要想像自己有什麼境界；境界是當我們修以後，自然顯現出來的，但這不是我們用功的方法，我們不要用境界來修行，境界是修後顯現出來的。

我們用放鬆的方法，得到身心的輕安。我們在其他狀態裡，不要想像自己身心統一了，這些都是你去想像的。當你的心還在想身心統一時，也就是有一個在想的人，還有一個統一的心與身，要把它全部湊合起來，實際上的答案並不是這樣的；統一就是統一，當它顯現出來，你就會自然覺知，不是你在想：「我統一了！」

這些全部都得放掉，在用功時只有方法是你的正念，在體會的過程裡，有什麼境界出來，只有知道、覺知，並不是想像自己在境界中。當你在想像時，這就是你的妄想了。所以你知道，只是心裡知道，知道自己已經數息了，也知道數息數得不錯了，將數目字放下，隨息；把呼吸放下以後，進入止……，心裡很清楚的，再把話頭提起，開始稍微用些力，讓話頭一直跟著心念，當「念」以後發現妄念少了，再把它轉成「問」，慢慢往內探入，發現疑情慢慢生起……。

探問生命的疑情

「疑情」就是對生命的疑情、生命的問題；它並沒有答案，當我們在問時，並不是要找答案，找答案是一個疑問；當我們在探問生命的疑情時，所要的不是可以用文字表達出來的答案，是要借用疑情凝成一個疑團，以讓我們能夠見到本來面目，所以過程中要一直不斷地用功，不管生起什麼念頭，都要把它放開，繼續用功。

在用話頭的過程中，你會發覺到自己對話頭愈來愈有興趣、愈來愈想知道，那它就形成了一個力量，直到最後身心都在疑團中，而這時候還是繼續用功，妄念與妄想都把它放下了，用功過程中只有方法。

很多時候當我們的心還是散的，卻以為自己修到了什麼，那都只是我們想像出來的。真正的用功很單純，不會去想那麼多，也不會被那麼多的妄念干擾，不想這想那的，就是把這些所想像的都放下。

心要單純、簡單，尤其在禪堂用功時，心既要「清」，也要「輕」，讓它清清明明的，清楚明白就好，所以提醒大家，過程中所有的妄想都要放下，沒有一個境界是你要留它的。即使你坐得很好，什麼都放下，就只有方法，妄念來就來，看著它，心卻不跟著它走，回到方法繼續用功。

當方法用到某個階段，進入那個階段的工夫，它自然地就會推向下一個階段，間中當然會有些境界出來，比如說當你放鬆時，感覺身心都很輕安，這是一種覺受，但你就是繼續用功，這樣你就很容易把這階段的工夫繼續用下去。你可以有這種覺受，但千萬不要攀它，只有讓自己繼續用方法。當你前面的工夫用上去了，就可以讓它自然地到下個階段去，繼續用方法。

在任何時刻，只要你用上方法，具備了條件，是輕安境、統一境甚至開悟的境都可能出現；我們知道，用功並不只是在禪堂或禪修課程中，工夫必須不斷地延續，如果你在這時候放棄或鬆懈下來，你就可以想像明天解七後的樣子。

生活中隨時提起話頭

我們在用功的階段，工夫之所以那麼容易就散掉，這是因為我們沒有想要讓工夫持續，這並不是說回到平常生活時，也需要像在禪堂般用功，現實生活有現實生活的模式，我們一定要慢慢回去適應；工夫還是要用，回去自己安排些時間，把打坐當作每天都要做的一項重要的功課。

其實回到家還是可以提話頭，這跟我們念佛的情況一樣，有時候走路時輕輕地問：「走路的是誰？」或者「什麼是無？」就像念佛一樣提一提，雖然是散心用功，但還是可以用心或專心地念，這種方式不一定要跟著它一直念，只是你隨時把話頭提起來念它幾句，任何一個時刻想要提起就提起來，不管在做任何事都可以。這就是保持話頭與心聯繫的方法。你的心一直都保持在提話頭、念話頭的情況，你對話頭就會漸漸較為熟悉，這是我們平時都可以用的方法。

當然我們也知道這個方法不能太過密集地用，打坐或身心放鬆時，可以把話頭提起來念，但就是用「念」的方式，主要是保持你跟話頭密切的相應，當你進到禪堂用功時，就會很熟悉這方法，這樣你就能夠更好地用功。

我們還是要提醒大家，不要認為自己是在重複地念，包括念佛時，不要以為自己是在重複念佛號；我們每念一個話頭也不是在重複，雖然是同一個佛號、同一個話頭，可是念的因緣每一個都不一樣。當你念久或念多以後，你就會熟悉；如果你重複的話，就變成慣性。慣性與熟悉不一樣，熟能生巧，習慣不能生巧！

我們每一次在用方法時，都用心地用、熟悉地用，它就會有覺照的心；你每次在做一件事，都有覺照的心在做，就會清清楚楚地知道自己在做什麼。

很多同學在密集課程時，會發現工夫用不上去，那是因為你把方法變成了慣性；所以每次都必須提醒大家，在做的過程都必須用心的察覺，用方法也是每次都不一樣，所以每一次你都要用心把過程做好，直到很熟悉，你會更善巧地用它；如果不是，你只是在重複那個過程，在沒有覺照的狀態去做而已，這樣我們就常常重犯我們的錯誤，沒有辦法去改進。

在用方法時，因為用心而覺照，也因為用心而對方法愈來愈熟悉，當方法熟悉以後，它就更容易運作；所以不管在禪堂或回到家中，也都一樣要常常做這功課，把自己學會的方法繼續用上去，這樣工夫才能夠持續；如果你的工夫能夠成片，那就更加容易再繼續深入。

（二〇〇八年十二月八日至十八日講於怡保般若岩第二屆話頭禪十）

下篇

參破話頭

放鬆為先

我們雖然常常提醒大家，一進到禪堂就要馬上收攝身心，立刻進入用功狀態，但這其實是非常厲害的人才能做到的。這厲害的程度就是，不管人在什麼狀態、什麼時候，心都能不動搖；如果能夠達到這樣的境界，其實來不來打禪十，大概也不太重要了，因為能夠做到這樣的人，大概都差不多開悟了。一般來說，能即刻從散漫狀態轉入用功收攝狀態的人，雖然不是完全沒有，但是很少。

有一些人雖然平時生活看起來滿散漫，身心卻能經常放鬆，可以做到當下因緣的覺照；如果默照的工夫又用得很好的話，那他隨時隨處都可以身心統一，或是處在默照的狀態，不管外面發生什麼狀況，他的心了了分明，不受動搖；這種狀態的人進到禪堂用功，一坐下來很快就可以統一、可以默照了。

也有的人平時話頭就提得很好了，隨時隨處話頭都提著，雖然不一定有什麼疑團或疑情，但話頭跟心時時刻刻都能夠統一，而且不管在做什麼事，這個話頭都提著不放，沒有掉落。因此，進禪堂用功的時候，坐下來就能放下萬緣，所以一靜下來，話頭就可以提起，當然就可以直接用功了。

但是能夠用功用到以上程度的人畢竟不多，所以我們還是老老實實地回到現實去用功。

身心的調適之道

我們三、四點起來就打坐，六、七點吃早餐，八點又打坐，十一點多吃午餐，下午一點又打坐，六點吃晚餐，然後八點又打坐……，我想大家應該很少有這樣規律的生活吧？現在的寺院都沒有辦法維持這種生活作息，我們這一種生活方式是比較屬於課程的方式，

要像我們這樣的課程，禪修才有辦法以這樣的密集方式來運作，也就是從早上坐香坐到晚上，這樣的課程對大部分的人來說，都不是常課。我們要從平常比較散漫的狀態，或者最多只坐早晚香的情況，一下子調到一整天都在打坐，這種生活作

息是需要調整的。

不要要求自己馬上進入狀態，先把身心放鬆一點，這種調適的過程有它的作用。如果這兩、三天拚命想要讓自己馬上安定下來的話，結果就會發現到後面幾天都沒有辦法用功，因為融不進去。身心不論是從粗轉到細或從細轉到粗，都有一個過程，這樣才不會一轉進去，全部工夫就散掉了。我們在坐每一支香的時候，都會發現到這種情況。因此，每一支香當要上坐時，不要一上坐就急著：數呼吸要快點數！念佛要快點念！參話頭要快點參！甚至默照要快點默啊默！照啊照！

如果每一支香一坐下來，馬上就要進入那個狀態的話，估計這一支香是不能坐了，因為根本進不去！想要用力硬把自己逼進去，那是不可能的事！同樣地，如果每一支香出靜的時候，沒有先放下方法，或者做深呼吸，身體調一調慢慢擺動，再做按摩運動……，才再恢復到平常的生活，我們就會發現一旦以這種狀態回到平常生活，就會殘留一些細分在身體。當我們一出去，一下子從靜轉到動，會導致內外不協調，細粗不協調；這樣就會感到很辛苦。這就是為什麼很多同學從禪堂回到平常生活後，會覺得適應得滿辛苦的，這是因為硬要融入平常的生活。當我們在這邊安定了一段時間，忽然間要轉就轉不進去了。因此，課程間中要有幾天先做調適，也就是當我們從粗轉到細，要調到細的時候的間中，有這個適應的需要；當然，從細轉到粗，也有這個適應的需要。

我們的工夫往往沒有辦法協調，粗的太粗，細的太細，間中沒有橋樑把它接起來。所以我們用功時，一進到禪堂，無法馬上從粗轉入細，間中要有一道橋樑連接，但是我們常常都忽略了這道橋樑。

我們對此的忽略，從打坐的過程就可以看得出來。有些同學一上坐，馬上就急著要用功，所以會有數不到呼吸的問題，一注意呼吸馬上就緊繃。身心還沒有放鬆，身體還沒有調和，卻馬上要用方法，當然是用不上去了！這就好比我們不是游泳過河，而是希望一跳就到對岸，結果不但跳不到對岸，反而掉到河裡去了，如果這條河的水流又很急的話，就更難游到對岸了。因此，不要忽略了從粗調到細的間中調進去的過程。

坐香是靜態用功，我們平時都是動態生活，如果我們動態的身心比較放鬆與調和，轉入靜態就不會很困難；就好像平時有坐香，也有調和身心、放鬆身心的同學來禪修，會比較容易就轉進去。如果你動態時也一直保持用功的狀態，那麼進禪堂禮佛三拜的過程，其實就在收攝。我們也看到一些同學在收拾坐墊時的動作很粗，大概就能知道這一支香，他一定不容易坐好。有些同學坐墊沒放好，毛巾鋪不好，就急著坐上去，結果腳一放上去就痛，於是又要重新調整。為什麼不在過程裡，慢慢地把坐墊和毛巾鋪好呢？這個過程其實就有收攝功能，從動作中收攝自己的心。因此，即使座位鋪好，也不要急著馬上打坐，先做幾個運動調一調身體，透過過程來做收攝。

調好了身體，就要坐正了姿勢。我們的姿勢裡有七支坐法，要審查一下每一支有沒有做好。檢查後不是馬上就進入到方法，而是練習放鬆，先局部的放鬆，再整體的放鬆。

放鬆了，就察覺呼吸、數呼吸。最後完全放鬆了，能夠覺照到全身了以後，就轉成默照或是念話頭。我們也可以先用呼吸的方法來調和自己的身心。有些同學會覺得打坐的時間都不夠了，這樣慢慢調整不是更浪費時間嗎？

如果我們不浪費這些時間的話，可能連一支香都坐不上去，因為心裡急著要打坐，就用力呼吸，那這一支香能夠坐得好嗎？如果每一分鐘、每一秒鐘都不想浪費，坐好一支香後，一出靜，為了省時間，馬上第一個跑進去廁所，以免浪費時間排隊，然後趕快喝一杯水再衝進禪堂繼續坐，像這樣一秒鐘都不浪費，真的有用嗎？沒有用！

這樣只會把自己繃得更緊，弄到整個人緊成一團，連眉頭都皺起來，一副要跟人家拚了的樣子！這樣的情況，真的能夠用功嗎？不能的！我們的心調得愈細的時候，是愈沒有辦法用力的。一旦用了力，它就散掉了，不可能保持在細的狀態。所以愈細的狀態一定是愈放鬆，愈不用力。因此在過程中，我們要能很適當地放鬆自己，在打坐的時候，不要有一種把時間逼得太緊的心態。我們常常提醒大家要活在當下的因緣裡，所以這個時候應該是去洗手間時，就去洗手間，應該等待的時候就等待；無論心在哪個狀態裡都不要急！不要上個廁所，卻在埋怨：「還有那麼多人！什麼時候才輪到我……。」那就完了！因為這個心有未來，心罣礙著未來，一罣礙未來就會繃緊了。

心處在當下，就會很放鬆了。隨時審查自己，可以數呼吸嗎？可以察覺全身嗎？站立的時候可以用功嗎？走的時候、移動的時候可以用功嗎？我們就讓自己處在放鬆的狀態。把事做完了就進禪堂，整個過程都不逼自己，不去想等一下怎麼辦，這樣就可以把心調好。我們一定要讓自己處在當下的因緣，所謂的當下就是，現在應該做什麼，正在做什麼，都把它做好。在等待的時候，不要想自己是在等待，應該想自己是在立禪，站立在那邊用功數呼吸；前面的人移動了，就慢步經行，他們站住了，你也站住了。

這樣的行、住，就不會覺得自己在等著做什麼。「等」就是有對未來的期盼，這會讓我們的心躁動。有些同學一進到禪堂封堂的當晚，就想要開悟。第一晚就把自己逼到很緊，實際上是不可能的，因為很多同學頭一個晚上都是想睡覺的，從老遠的地方開車過來，累得不得了，或是匆匆忙忙的，心情好緊張，這樣的身心狀態也不能馬上就放鬆，所以大家都不要急，先放鬆自己，讓自己在開始的第一、二天放鬆下來，暫時先不管默照或話頭這些方法，把它放在一邊；就是坐在那邊放鬆。

當我們放鬆到想睡覺的時候就睡，放鬆到很舒服的時候就享受那個舒服，睡覺睡得很好，就享受睡覺，讓自己從動態中調適到靜態，從平常那種不太規律的生活，調入到比較有規律的生活。我們這個禪修的生活，其實很簡單。我們的作息都很簡單，有時候說得簡單一點，就是吃飽睡，睡飽吃！

能夠把自己的生活調成這麼簡單就好。我們進到禪堂不管參加什麼課程，就是進入跟出來的過程，以及恢復的那個過程。其實這一段過渡期滿重要的！

我們常常會忽略了過渡過程的重要性，如果過渡進行得很好，前後就能連貫起來。換言之，過渡得很好，從平常的生活要進入到禪修的生活，很快就融進去了；過渡得很好的同學，這幾天會發現妄念特別多，也特別疲累，特別想睡，因為這是在抒放。我們平時都很緊繃，這幾天如果調得很好，就能夠把工夫用得很好。

因此，同學們不要太心急，就算是對原本的方法已經滿熟悉的，也不需要太急，要等全部細節都調好了，過渡調好了，再用方法。不必覺得禪修時間是分秒必爭的，因為一旦有這種心態就會把自己逼得很緊。如果已經知道用功就是當下的因緣，是什麼狀態清楚地覺察，就安住在那個狀態裡。應該用什麼方法來調，就用那個方法調整，應該過的時候我們就讓自己過渡，這樣才能調適好身心來用功。

默照與話頭的不同

如果身心不能放鬆，不在調和的狀態，就不能達成身心統一，然而，我們至少要讓心能夠達到止，這樣用禪的方法時，才可能有效。這是因為當我們用方法的時候，才可以把它歸納在觀的部分。不過，一般上這個觀想是比較傳統的，也就是有系統的思惟。

中國禪宗的禪法，連這些思惟的作用都盡量地減少，直接進入禪的方法，而不經過太多的程式，讓我們能夠進到所謂的「開悟見性」。如果我們的身心不放鬆、不調和，沒有達到統一境；或是心還不能夠止，無法不亂不散或一心，那我們用那些方法就變成是調回到用思考的方式了。

很多同學會自己想像怎麼默？怎麼照？想像的時候，感覺上好像「我的心沒有動了」，在想像心沒有動的時候，不知道是什麼在想，不知道那個「想」是不是在動，那他說：「我在照。」其實他是在想照些什麼東西，卻不自知。

所謂的照，就是清楚地覺察，比如清楚地覺察到腿痛，這個是「照」；但是這個「照」跟「默」有沒有結合呢？如果我們照到腿痛的時候，心就跳過去觀腿痛，分析腿痛，然後忍腿痛的話，這就沒有「默」了。

很多時候我們都是在想像方法怎麼用，要知道默照的方法並不是用想像的方式用功，它必須要身心完全放鬆，然後在放鬆的過程裡，心愈來愈清楚，清楚照到整體的時候，心就不受任何的觸動或任何觸受的影響，這樣我們的心就自然地能夠默和不動搖。

反之，如果一直在那邊想像方法的話，就達不到效果了。這變成是我們的心在用動的方式，去想像自己「默了」、「照了」。實際上，回到用話頭，也有類同的地方，不過話頭比默照的方法較具體，因為它有一個話頭，也就是有一個所緣的境。至於默照，當我們要特地去緣一個境時，心就會有所擺動，它可能就不能默。所以在用話頭與默照的方法時，一開始時還是要緣境，但是所緣的境都一定回到它的整體。比如說我們緣這個身，就要回到整個身體，如果達不到效果，就必須要先把心凝聚。所以我們用呼吸的方法。呼吸的方法也比較具體，它有一個呼吸，可以緣呼吸來收攝我們的心，達到一心不亂，完全放鬆了，才轉到全身的覺照，那才達到身心的統一。

話頭它有一個話頭可掌握，比默照的方法還要具體。很多人在用方法的時候，覺得默照的方法比較放鬆、比較好用；其實默照的方法最不好用，因為它太簡單了！它就是要我們不斷地放鬆而已，不斷放鬆才能夠達到統一，或者是達到默照的這個境。而話頭卻很具體，它有一個話頭可以緣這個境。我們的心習慣要緣一個境才能夠收攝，才能夠凝聚，話頭的方法就有一個境讓我們去緣，它是從臨濟宗傳下來的。早期中國禪宗很興旺的時候，沒有特定說明曹洞宗是用默照，臨濟宗是用話頭，這些都是比較後期的，早期並沒有那麼硬性規定，甚至可看到一些曹洞宗的祖師，也有用話頭的方法；然而到了宋朝，因為出現了兩個重要的禪師，一個是宏智正覺禪師，他教的方法叫默照，另一個是大慧宗杲禪師，他教的方法則是公案、話頭，這樣才傳了下來。

從此，我們就把默照歸為曹洞宗，話頭則歸臨濟宗。我們也知道曹洞宗傳下來的是比較溫和的；而我們都知道臨濟宗祖師最出名的就是「喝」，唐朝的臨濟義玄禪師在跟他的老師黃蘗禪師參禪的過程裡，兩個人都是拳來拳往的，他被他師父打了三次，後來他師父要再打他的時候，他把他師父的座位翻倒，由此可知，話頭禪顯現出來的方法比較猛烈。後來，禪宗出現了一些不同的善巧，宋朝有一些禪師在闡述禪宗方法時，有時會用「猛烈」或「毒辣」這樣的字眼來形容禪宗，所以很多人都以為禪宗的方法一定是這個樣子，尤其是屬於臨濟系統的，因為臨濟本人跟他的老師展現出來的就是這麼一回事。到了後來用公案話頭時，方法的運作也表現得非常猛烈。當禪師要讓學生得到開悟的體驗時，會用很緊逼的方法，把學生逼到無路可走，他就開悟了！這就好像把他趕到一〇一層樓上去，然後把他踢下來，就開悟了！

臨濟用的方法類似這樣，尤其傳到日本的臨濟禪法更是非常地猛，都用非常緊的方式。很多人早期跟聖嚴師父學過禪的，聽說師父也用這種方法，在禪堂裡用香板猛打。我們那時常常打斷香板，還好沒有把人的骨頭打斷！所以在大家的印象中，話頭或公案都是臨濟宗的，一定要用這個方式才能夠把它用上去，如果不用這樣的方式，就感覺好像不是禪了。也就是規定禪一定要這樣子，禪堂裡香板一定要劈劈啪啪的，每一支香要不斷地聽到香板在打，那才叫作參禪！

如果所有的禪法都是這樣的話，那就只有一個方式而已，每一個同學要參禪都非得去面對。但是實際上並非完全如此，至少我們知道默照禪法，可以完全不需要用香板，因為默照就是要放鬆，不斷地放鬆、放鬆，就不用香板了。話頭就要用香板，非得把大家逼上「絕路」不可。

定慧一體

實際上所有的方法，包括傳統的觀法，如果心不能達到止，不能達到一心，那麼用什麼方法都不能用得好。「止」和「觀」雖然可以說成止觀雙運，或是定慧一體，從六祖惠能開始就把定和慧結合起來，說成是一體；但是修行的次第上還是有先後。要把定和慧結成一體，也要有一些基本定的工夫。有人認為可以不需要有定的工夫，用慧來達到定也可以，但是這個慧要非常地深。這麼深的慧如果沒有幾分的定，大概也做不到！

我們看到這些祖師閱讀佛經後，就能領悟到佛法很深的義理，通過對佛經的閱讀，他們消化了、領悟了，再用自己的語言文字把它表達出來。如果我們讀完大藏經，也能夠這樣做，那就表示我們的慧力也有一定的程度，可是很多人就算背完了，也不一定會。

現在就更簡單了，這麼多的經典都可以在網路找到。要寫文章時，東抽一段、西抽一段就可以了。而且網上的資料，確實整理得非常有系統；如果要做一篇論文，只要找到相關的關鍵字，一按全部的資料都出來了，這時就照著網上資料來寫文章，這邊寫一下，那邊寫一下，可是最後這些就是你的東西嗎？也不是！

如果真有那麼深的慧的人，他不用告訴我們禪定的工夫，只要一坐下去就能夠安住在定中。要用這麼深的心去體會佛法，如果完全沒有定的力量，是不可能的。當我們進入到類似默照或者是話頭的方法，表示已經轉入觀的方法，如果沒有定力，是很難做到的。

如果你止靜的工夫還不是很好，卻想用這個方法，就不容易切入。不過，如果已有一些基礎工夫，還是可以用這個方法。因此，我們講默照的時候，如果發現自己一坐下來就可以全身放鬆，身心都可以放鬆，能夠很清楚地覺照整體——自己的全身，心通過觸覺，自然地覺照，覺照全身的同時，心是清楚、不動搖的，實際上那個時候就進入到身心統一境了。

我們這個是靜態用功。當靜態身心能夠達到這個境界的話，即可以直接進去了。可是很多人都沒有辦法，因為一坐在那邊就想像身心怎麼統一：「我的心和我的身有沒有統一？」看起來好像有點統一了，可是又不太像，就跑出來看看有沒有統一；好像有統一，又跑進去……。我們在那邊想來想去、轉來轉去都沒有用，因為這些都是思惟，都是自己在想像而已。在「想像」的時候，連止的工夫都沒有了，全部都是心在亂動，在想像自己怎麼用功。

這些狀況都要把它放下，不然沒有辦法達到完整放鬆的狀態，應該回到止的方法來用功。止的方法是什麼呢？我們可以用「六妙門」中數、隨、止的方法，即數呼吸、隨呼吸，然後再修止。我們可以坐好了以後，去察覺自己的呼吸，通過呼吸的方法收攝心。

放鬆才能身心統一

很多人通過呼吸方法來收攝心時，會感到繃緊。察覺到呼吸就控制呼吸，察覺不到呼吸就去找呼吸，最後把自己弄得很緊，這樣的狀態不可能達到身心統一。

很多人連放鬆都做不到，卻想要身心統一，因此用功總是用不上去，這是因為前面的基礎都沒有做好，或者是身體不能夠放鬆，就想著要用各種各樣的禪觀方法。觀想空、觀想無我時，如果一直思惟空、思惟無我有用嗎？也不是完全沒有用，但那是思惟的過程，可能在這過程裡，對「義理」會有進一步的了解，但那還無法讓我們體悟或者是證道。有些人甚至在觀無常、無我、觀空的時候，最後發現自己不知觀到哪裡去了！這是因為在觀的過程中，妄念生起來，慢慢把本來在觀（作觀）的心也拉走了！

當我們思惟的時候，就會浮出很多念，這時候一定要回到最傳統的次第，先把「止」修好；用話頭的方法也是一樣，如果一開始就要用話頭也不是完全不行，而是最基礎的工夫就是身心要放鬆。

很多人坐下來時，身心都是緊的，一坐下來就昏沉想睡覺，可以透過放鬆把疲累抒放出來。怎麼放鬆身體呢？想要睡覺也是一個放鬆的過程，放鬆是把我們以前累積的疲累抒放出來。雖然這過程對我們有幫助，但要如何用方法呢？因為已經進入到昏沉、睡覺的狀態了，所以我們只能夠繼續地睡，一直到完全把疲累抒放了，才能夠把精神提起來，再來收攝。

如果我們坐的時候，身體一有什麼觸覺，心就跑過去了，身體這麼緊，心也會跟著緊，坐在那邊腿痛也辛苦，腰痠背痛也辛苦，心這樣煩躁時怎麼用方法呢？這些身心最粗的問題都處理不好，怎樣去做觀想？怎麼進入禪觀的方法呢？這些都是很現實的問題，不由得我們不去面對。如果不去面對的話，再好的方法都是沒有用的！

所以最基礎的，身心有沒有放鬆很重要。坐在那邊的時候，是不是真的放鬆身心了？放鬆到疲累也沒有了？疲憊是平時累積下來的，會感到疲累、昏沉就表示平時身心繃得很緊，所以只要一上坐就會昏沉想睡。要把方法用上，就一定要把身心的問題處理好，處理到身體放鬆了，心清明了，對所有的覺受都清清楚楚，才能夠進入到禪觀的方法。

在這個階段真的放鬆了，能夠直接觀到全身，心能夠覺照到整體了，那就表示我們進入到統一境，然後進入到默照的方法。到那個時候，要用話頭直接從這邊進去也是可以的。身心放鬆了以後，把話頭提一下，看看這時候這個話頭有沒有力量。我們坐好了以後，審查自己全身放鬆了，心基本上有某種程度的安定了，就把話頭提起來，然後就念話頭。

心與話頭統一

一般比較普遍用的話頭是「什麼是無？」或「念佛的是誰？」，還有「父母未生前的本來面目是誰？」。把話頭提起來的方法，跟念佛的方式是一樣的（當身心放鬆了，把佛號提起來就念佛）。在念佛的過程中，看看佛號是不是一直清清楚楚的？如果發覺到念佛時，佛號若隱若現，偶爾跑出來，偶爾不見了，佛號提起來時沒有力量，因為心還無法收攝到能夠放在一個境上，就表示這個心還是很鬆散，收攝不回來了。

如果心收回來了，我們無論是把心放在一個念或者是一個所緣的境上面，都能很自然地、很安定地安住在那個境上面，這就表示身心基本上放鬆了。所以不管是念佛或念話頭，會發覺到心都是很清楚的。

如果我們在用方法，發現念話頭時：「什麼是無……什麼是無……。」很多妄念跑來跑去，話頭一下子就不見了，這就表示心太散了。這個時候要用方法並不容易，所以我們又回到「六妙門」的方法；當提了話頭一直念，卻很容易就被拉走，也不清楚自己已經被拉走了，這種情形我們就用數話頭，也就是念了話頭再數。比如說我們念：「什麼是無一，什麼是無二，什麼是無三，什麼是無四……。」

這種念話頭的方式就是為了要修止，要修到一心，也就是借用話頭的方法來修止。我們是用念的方法，就好像我們念佛時念阿彌陀佛，如果念了發覺佛號不穩，就用數目字，「阿彌陀佛一，阿彌陀佛二，阿彌陀佛三……。」用這樣的方式來收攝我們的心，就是止的方法。

當我們用話頭來幫助自己修止，而身心卻不放鬆時，會發現話頭念不到兩、三句，便不知道話頭跑到哪裡了，心也不知道跑到哪裡了。這就表示我們的身心還是很散漫、不放鬆，不能凝聚。所以我們還是要繼續地用話頭，不斷地用話頭，直到念話頭、數話頭時，愈數愈清楚，到最後會發覺到從一到十都一清二楚，然後慢慢地再把數目字放下來繼續念。用這個方式念的話，先數話頭、隨話頭，隨後話頭便會跟心統一。通過數和隨的過程，心和話頭統一了。到了這個階段，我們才能夠把話頭從「念」轉成「問」話頭。

我們可以通過話頭來產生疑情，用話頭的方法讓它產生力量，這個話頭最後要幫助我們產生疑情。疑情就是一種力量，也就是心在「問」話頭問得更深，在「參」話頭的時候，所產生的一種力量，這就是疑情。這疑情就是一直讓我們的心想要知道的一件事。我們要知道的不是話頭帶給我們的答案，而是通過疑情，讓我們的心一直想要知道，也就是要知道：「我們的本來面目是誰？」要知道：「什麼是無？」但是我們不能從話頭，或者是從心找到什麼答案，只能夠從話頭的運作裡，產生疑情，最後把疑情打破！

要產生疑情的話，首先心要與話頭統一，不然在問話頭的時候，很多答案就會自動跑出來，而且幾乎每一個都可以讓我們以為找到了答案，終於開悟了！但是這些找到的或自以為開悟的答案，對我們來說都是沒有用的，它都是妄念！所以心要通過話頭產生疑情，首先要與話頭統一。

話頭開始在用時，要達到統一境的話，就是在修止的過程。這個階段只是要幫助我們通過話頭，不斷持續地念，這跟不斷持續念佛的方式是一樣的，也就是讓心止於一境，讓心跟話頭或是佛號統一。這個過程都還是在修止，而修止的部分，要把話頭提起來念的話，身心要先能夠放鬆，這個是最基本的條件。如果我們還一直在為腰痠背痛、腳痛、昏沉、妄念而內心交戰，就不容易用上這個方法。

放鬆幫助收攝與安止

如果當我們坐下來了以後，身體有某種程度的放鬆，身體的一些觸受也不太產生干擾，心雖然不是很安定，但基本上可以稍微收攝回來，妄念雖然有，但是還可以把一個話頭或佛號提起來，這樣的話，我們就可以試試用念話頭或數話頭的方法。用這個方法時，坐好了以後，就審查身體，身體放鬆後，把話頭提起來念，然後數它，從一數到十。數到清楚了，話頭一個一個連貫起來，再把數目字放下，隨著這個話頭繼續地念，念到心與話頭統一。

如果能夠用功到這個階段的話，要問話頭就沒有問題了。這就是用話頭的方法；就是把身體調正了、坐好了，開始把話頭提起來，但是最基本的放鬆要有。如果基本的放鬆都沒有，還是繼續昏沉，甚至有時候是心理的昏沉，也就是比較深的昏沉，那叫作「無記」，就是掉到昏昧的狀態裡，甚至躺下去或坐在那邊睡著了，連夢境都沒有！有夢就表示意識還是有在動，如果夢都沒有，睡著了、無記了，這樣子話頭怎麼提得起來呢？

當然有時候我們也會遇到非常疲累的狀態，雖然很想把話頭提起來對治它，但是在提這個話頭的時候，必須察覺是不是要用力；如果用力的話，就會緪緊。所以在提話頭的時候，身心一樣要放鬆，當然在數的時候也不能用力，一旦用力數的話，身體會愈來愈緊；也有很多人會發覺，身體愈來愈緊，就會愈來愈多氣。所以有些人用話頭用到最後他會喊出來，是因為氣積太多了，需要發洩。用很緊的方法來念話頭，就會出現這個現象。

也有一些人認為，用這個方法先把話頭逼進去，這就好像在心裡面打釘子一樣，一直很用力地打進去，累積很多氣了以後，「啊！啊！」喊一下，鬆了再來，再打再打……。當然有一些參公案或者參話頭的方法是用這個方式的，也被一些禪堂採用。如果用這個方式的老師能夠把我們帶進去，可能也是有用的。畢竟我們沒有用這個方式，所以不知道它有沒有用。

有些人念話頭會念到話頭跑出來，或念到感覺全身都是氣，需要發洩；這些都是比較緊的方法。這樣緊的方法能夠讓我們達到一心嗎？是有可能的，但是比較困難。有一些人用這個緊的方法，他不管有沒有達到一心，反正就一直念、念、念，到了某一個階段，他就問、問、問，用很緊的方法，逼到最後可能他會有類似爆炸的過程，就會發洩了，大喊大叫了，最後發覺整個身心都鬆下來了，感覺自己放鬆了很多。這情況有一點點類似開悟的經驗；逼得很緊，甚至在過程裡會有很喜悅、很狂喜的狀態。但是過了以後是不是就真正地開悟了呢？這就要看他在這個過程裡所體悟到的了。當然，也要看那個老師在他有了這個體驗以後，他把他的體驗告訴這個老師，而老師能不能清楚地知道他的狀態。

如果我們的身心不能放鬆，也不能說這方法完全沒有用。當我們發洩了以後，在類似爆發的過程以後，是不是真的見到了？或者是破參了？那就是另外一回事了。如果這個老師用這個方法，他能不能確保用這個方法到最後，真的能夠破參？又或者說有了這種狂喜的體驗以後，是不是真的是見性？如此種種，老師都要有能力去印證，或者是去了解我們的狀態。

如果用比較放鬆的方式，先把心安定下來，收攝達到一心不亂，才進入問話頭、參話頭的方式，然後再把它凝成一個疑情、疑團出來，效果可能會更好，而且是比較安穩的方式。

身心愈放鬆就愈能安定、愈能收攝，而進入到更深的狀態、更深的境界。從定的角度來看，愈深的定，身心應該是愈放鬆的，繃緊是不可能做得到，因為身心很粗的時候，是不可能定下來的，這是自己在用功的時候就知道的。身體完全放鬆了以後，才可以收攝。在用方法的過程中，如果有一些體驗的話，都會發現到當身心很收攝、很安定的時候，一定是很放鬆的。只有放鬆的過程中，身心才能夠收攝。

反之，只要稍微用力繃緊的話，身心就沒有辦法放鬆，也就沒有辦法入定了。因為只要一繃緊，身體所有比較粗的觸受都會先出來，這時候心不可能安定下來。即使沒有入很深的定，從很粗淺的經驗，我們都會知道是怎樣的情況，更何況是入得更深的境了。這就是為什麼入定的人，一坐就可以好幾天或好一段時間不出靜都沒有問題，或覺得有什麼狀況與問題，這是因為他完全放鬆了。

身體完全放鬆了以後，氣血的循環順暢了，才不會有繃緊的狀態，不繃緊就不會有不舒服的覺受，心才不會受干擾。心把所有的妄念放下了以後，才能夠收攝與安止。當那些妄念還在，我們還跟著妄念走的話，就不可能有定了。因此，一定要先把妄念全部放鬆、放下了，心才能夠收攝凝聚。

而另外一個妄念就是昏沉，也就是我們繃緊了以後一直在昏沉，這怎麼可能有定呢？定是清明的，定的內涵是清明、充實、喜悅、光明的。所以一定要完全放鬆，心才能夠有這樣的境顯現出來。如果我們在那個境裡，身體都是緊緊的，又怎麼可能說是一種定呢？

這就是用功的一個過程。當我們要進入到禪觀，要用這個方法讓我們見性、發智慧的話，心一定要能夠完全放鬆，達到統一境。心要達到統一境，身體要能夠放鬆，心也要能夠放鬆。身心放鬆了，才能夠通過這個方法，慢慢地凝聚我們的心。所以我們用話頭的方法，一定要有最基本的放鬆。

如果身體沒有放鬆，卻要用話頭，會因為妄念太多，而很容易把心拉走；這時我們又要把話頭逼回來的時候，就會用力了。當我們用力去念話頭時，心就繃緊，心一繃緊，身體也就跟著繃緊，因此在身心沒有放鬆的時候念話頭，就會發覺到愈念愈緊；而有些人念得很緊了，竟然還想要問話頭。

當我們念得很緊的時候，身體很多的狀態就會出現，我們可以用這個方法，也就是直接念話頭，再用數的方法來幫助自己。在這個過程裡，我們還是要能放鬆地提，放鬆地念。很多同學說每次念話頭：「什麼是無一，什麼是無二，什麼是無三……。」一很容易就被妄念拉走，不知道跑到哪裡去了，兜了一個圈才知道自己在打坐，然後又回來：「什麼是無一，什麼是無二，什麼是無三……。」一結果又跑去看一套戲了。那怎麼辦呢？沒有關係，只要我們發現自己提起來的時候是放鬆的，話頭念的時候是放鬆的，就可以了。不要用力，也不要說它跑那麼遠了，硬是把它拉回來，最好都不要用力，因為在放鬆的過程中，妄念會慢慢沉下去。

在放鬆的狀態把話頭提起來，那個話頭才能夠幫助我們把心收攝；用數目字的話，我們用數話頭，從一數到十。當發現自己每次都數不到時，表示妄念還是很多，身心還是沒有放鬆。當然我們還是可以用話頭，但是要用放鬆的方式。其實數了兩、三次就跑掉也沒有關係，一警覺就再提起來，輕輕地提起來念，然後再數它。如果這個過程裡，慢慢地愈數愈清楚、愈數愈完整，最後完整又清楚的，每一次從一數到十都很清楚了，那時再把數目字放下，然後讓話頭本身先連貫，再隨到最後跟心統一，這時候我們再進入到「問」和「參」，那就沒有問題了。

直接提起話頭

如果要直接用這個方法的話，也可以。我們可以念「什麼是無？」，如果我們是在打坐的話，也可以念：「打坐的是誰？」又或者想知道自己的本來面目是誰，有時候我們說「本來面目是誰？」，會發現到這個「本來面目」可能會跑到自己照鏡子的那個「本來面目」，所以我們可以提醒自己：「父母未生前……。」「父母未生前」就是還沒有這個相現出來的時候，他的本性是什麼？父母生了以後就是這個相了，當然我們也不要去想像自己這一對父母生我下來，或還沒有生我下來是什麼。不要去想這個，也不要去分析這個話頭，更不要去追這個話頭的理論。

話頭不需要分析也沒有理論，只有一個話頭在用，而最普遍用的話頭就是「什麼是無？」。有些人說「什麼是無？」，其實他還不知道是怎麼一回事，所以念了沒有什麼力量。那我們可以用「父母未生前的本來面目是誰？」，如果直接問自己「我是誰？」的話，會發現到當問「我是誰？」問得太多了以後，自己會去分析它，會在那邊想：「我叫什麼名？幾歲？今年二十五，明年二十六，去年二十四……。」會一直在那邊轉，然後就會變成一直回到這個個人、這個自我，然後去分析它；這就變成分析、理論了。

當思惟一運作，我們就會分析，就會有理論，就會有很多妄念出現。話頭的方式是把我們思惟的作用全部中斷，不要讓它生起來。思惟裡有太多的答案，都不要的！就只是舉一個話頭，然後念到一心不亂，再轉去問。我們只要借用話頭生起所謂的「疑情」，而不是要從話頭裡找到什麼東西；要讓它生起一個疑情，我們只是用話頭「什麼是無？」、「父母未生前的本來面是誰？」等，這些都可以用，或者是「念佛是誰？」、「打坐是誰？」，並不是指這個人是誰，而是指在做這一件事時的這個人是誰，我們並不是把它做出分析，而是要把所有分析思惟的作用全部中斷，就只用話頭。

只有當心與話頭統一了，才能夠產生這樣的效果，如果太多的妄念跑出來，它們會「幫忙」提供很多的答案，而且會愈幫愈忙。妄念會「幫」你分析很多東西，「幫」你找出很多答案，但是這個「幫」卻是幫了以後更忙！我們不要這些的話，就一定要讓話頭跟身心統一，這樣所有的妄念就不會干擾。即使妄念飄過或者是浮起來，它都不干擾我們念話頭的心，或問話頭的心。唯有這樣，方法才能用得上去，才有效果。

換言之，最基本的話頭跟心統一必須先做到。要做到之前，身心一定要放鬆，而這一個過程還是修止的。所以我們要知道修行的次第，「止」的這個部分是相當重要的，而且是整個修行的基礎，完全不能忽略。

既然來參加這個課程了，就可以試一試提一下話頭。開始先提供兩個，如果大家要試第三個也可以：「打坐是誰？」、「念佛是誰？」、「走路是誰？」、「吃飯是誰？」都可以，也就是凡在做事的時候，在做的「那一個」是誰；吃飯時「吃飯的是誰？」，但是我們把它簡化成「吃飯是誰？」就那一個動作；那一個動作是一個身心在運作的「那個」是誰，要把它的本來面目找出來。

「什麼是無？」這句話頭比較普遍在用，而且也滿有力量的，而「父母未生前的本來面目是誰？」這一句就是要知道自己的本質、自己的本來面目，直接進入這話頭的疑情裡。如果大家想要用這個方法，不妨試著選一個話頭，身心放鬆了以後，把它提起來念一下、念一下；念了發覺到沒有力量，我們就用數的方法來幫助自己慢慢地把話頭凝聚，然後收攝到我們的心裡去，再與心統一。

以上就是我們可以用的方法：念話頭、數話頭的方法。基本的條件就是在我們坐下以後，身心沒有太多的干擾，那時就可以用了。如果還是有很多身心的干擾，這個話頭也不容易提起，這時唯有繼續放鬆自己的身體，直到察覺到放鬆得差不多了，就可以把話頭提一提、念一念或數，讓心與話頭統一。這就是話頭的方法，大家可以試著去用，試了以後如果發現還是不行，或根本就用不上去，那我們再來調整。

話頭方法

前面我們介紹了話頭和修話頭禪的基礎方法，第一個步驟是直接念話頭，可以在身心比較放鬆的時候用，也就是說用念話頭的方法先修止，但是這時還沒有進入到參禪。用話頭修止和用念佛或持咒修止，都有類同之處。

用身體的觸覺來放鬆

這個方法用的是意念，意念就是我們意識的作用；用身體的器官來講，就相當於我們的根。但是用這個方法的時候，不能用力。很多人用方法時是用意念，實際上有一些方法用意念的效果可能不是很理想；比如說放鬆，如果用意念告訴自己放鬆，那是沒有辦法放鬆的。我們要的是身體的放鬆，所以應該直接回到身體去放鬆，而不是用意念告訴它放鬆。身體有觸覺，我們直接回到這個觸覺去放鬆它。

放鬆全身是身根的作用，不要用意識去暗示它放鬆。我們大多數的時候用方法都會用意念；我們平時的習慣都是用意念，所以帶有很多想像的成分，也就是說我們告訴自己放鬆的時候，是想像自己放鬆，而實際上身體並沒有放鬆。因此，我們應該先去觸覺全身，然後去放鬆。

我們的身體有觸覺的作用，身根的作用就是觸，所以可以直接用觸覺來放鬆。我們用呼吸的方法也是觸覺，雖然是用呼吸進出的部位，也就是鼻子，但是不是用鼻根，因為鼻根的作用是嗅覺，而呼吸是用身根的作用，這也是用觸覺。

我們用方法的時候是六根，即眼、耳、鼻、舌、身、意在用，但是因為鼻根及舌根的作用比較少，所以我們比較少以舌根與鼻根來用功，儘管有，用到的也是比較動態的；當然靜態也有些人會用，也就是嗅香，但那個是另外一種方式的用功了。除了用耳根以外，也有一些人用眼根觀相，觀四大。用耳根則是觀音，也就是觀聲音。我們一般觀身、觀受，都是以身根在用功；其實這個受就是觸，不過我們四念處裡是用觀受是苦，所以就觀身體的觸受，好比說痛啊，痠啊，實際上我們是觀觸，是直接觀這個身，所以在放鬆的時候，是觀我們的身，用身的觸覺來放鬆。

我們知道心是眼、耳、鼻、舌、身、意六識的作用，而此作用是整體性的。我們平時習慣了把心當作是腦。實際上，腦是生理的意根，是心產生作用的所依。換句話說，心只是一種意識、意念的作用。比如說當心在身根發揮作用時，我們稱它為觸覺——身根的作用。因此我們在放鬆的時候，其實是身根在放鬆，而不是用我們的意念去想像身體放鬆，否則就變成了在腦筋裡想像我們放鬆。用意來想像放鬆，是不能放鬆的，而且還會愈想愈緊。這就是為什麼有些人在放鬆的時候，反而是愈放愈緊，因為他用意念來告訴身體的某個部位放鬆。

我們應該用身根來觸覺，然後身體就能夠放鬆。呼吸在進出的時候，氣在流動，所以我們可以觸覺到，我們把注意力收攝，這是呼吸的方法，也就是用我們的身根去觸覺呼吸。如果我們還是用意念來想它的話，就會感覺繃緊。有些人用這方法時，會用到頭腦脹脹的，因為是用「意」去想要察覺呼吸，用「意」去叫身體放鬆，結果頭腦會因為這樣變得繃緊，也就感覺頭腦脹了。

很多時候我們都會用腦用得太多，比如工作上，大部分都用意念去完成；這也就造成我們習慣用意念來用功。當我們的腦用多了，它很容易就繃緊，這會影響我們晚上的睡眠，睡不好或很容易疲累，而疲累就是生理上的。有些人疲累到一沉睡下去，就完全是懵懵的，一點念的作用都沒有，完全是沒有了「覺」的作用。

我們談念話頭、念佛、念咒或念經文，就是用到意念了。對於這個意念，我們要非常簡單、非常放鬆地用它。開始念的時候，切記不要捉緊來念。有一些同學深怕話頭跑掉，或者怕佛號跑掉，就「阿彌陀佛、阿彌陀佛、阿彌陀佛……」，一直緊追著它在念，像這樣子用功，頭腦肯定就脹了。

我們在用方法時，應該提醒自己要放鬆地用，如果是念佛的，就「阿彌陀佛、阿彌陀佛……」放鬆地念，念話頭也是一樣，很輕鬆地去念「父母未生前的本來面目是誰？」。很多時候我們會怕自己如果念得太鬆了，很多妄念會打進來，為了不讓妄念打進來，所以抗拒妄念，這時就會很用力地念：「父母未生前的本來面目是誰？什麼是無？什麼是無？」這不是把自己逼得更緊了嗎？

用這樣綳緊的方式用功，我們會感覺到妄念並沒有真正地消失，甚至會更強烈。當我們用到沒有力的時候，好像全部妄念就湧進來了。所以即使我們用念的方法也不要用急的方法，我們可以放鬆一句一句地念，把每一句都念清楚，因為我們用方法一定要清楚地覺照。覺照是我們修慧的依據，如果我們覺照心都沒有的話，就沒有辦法修慧了。

所謂沒有覺照心，就是癡、就是無記，很快就掉到愚癡那邊。因此我們在念話頭或者是在念佛的時候，佛號要愈念愈清晰，愈念愈清楚，這樣才能夠跟心統一；如果我們念得模模糊糊，即使在念的過程感覺一個話頭，或者是一個佛號跟著一個佛號，看起來好像沒有妄念，但是那個「念」本身就變成妄念！我們念佛念到：「阿彌陀佛！阿彌陀佛！阿彌陀佛！阿彌陀佛……陀陀陀……。」這還是佛號嗎？不是了！裡面只有一個「陀陀陀陀陀……」，念到最後只有一直「陀陀陀陀……」下去！所以念佛也一定要非常清楚。

有些人會用很快速的念法來念，也認為這種念法有作用。實際上，這反而會讓我們更加繃緊，所以還是要放鬆地念。如果發覺自己念的時候較不穩定，常會被妄念拉走，或者又發覺妄念拉走的時候，自己也沒有覺照，這時可以用數話頭的方法，或者數念佛的方法。

以正念代替妄念

我們用話頭的方法，第一個步驟就是把身體坐好，然後放鬆。當身體基本上放鬆了，或不會感覺到很緊，也不會有很多的妄念干擾，這時就可以嘗試把話頭提起來。甚至有時候，你坐在那邊，發覺到妄念還滿強的，也可以把話頭提起來，就是用話頭來代替我們的妄念。當我們還有很多妄念時，不能跟妄念對抗，如果妄念這樣流，我們就順著它，與此同時，我們可以用另外一個正念慢慢來取代它，不需要趕走妄念，因為妄念是沒辦法趕走的。我們只要把話頭提起來，不斷地提、不斷地提，慢慢地提到我們對這個話頭很熟悉了，它就會變成比較有力量的念。所謂比較有力量的念，因為那是我們在用功的方法，所以它就是一個正念。當這個正念一有力量，妄念遲早會被抵銷，正念就能夠代替妄念。

我們並沒有趕走妄念，只不過把正念加強了。把正念的力量凝聚了，妄念就慢慢會消失或者掉落。你會發覺當你在提正念的時候，正念就變成心念的主流，也就是說整個心念都是話頭，而這就是心和方法與話頭統一了，整個心念都是話頭。

我們在用方法的時候就是不斷地提起正念，然後用念的方法，但是在念的時候卻不用力。我們愈放鬆地念，就愈能把話頭念得清楚，這時覺照心或心凝聚的作用就能夠發揮。

我們用話頭來修止，這是其中一個方法。當我們坐好了，就可以開始覺察自己的身體有沒有放鬆，審查一下全身有沒有放鬆，然後就可以嘗試把話頭提起來。如果能夠直接用話頭，就用話頭來做為凝聚與收攝心的方法，這就是修止，是其中一個方便。

我們不斷提話頭為正念，最後慢慢地會發覺到話頭變成是整個心念的主流了，它跟心統一了；這時在修止的過程中，算是達到統一性，不亂的一心在念話頭。有了這個基礎，我們再進一步用功就沒有問題了。

另一方面，如果發現話頭一提起來，妄念就很強，把話頭都沖散了，不管怎麼用都提不起來，這時我們可以嘗試用呼吸的方法，因為數呼吸就是對治散亂心的一個理想方法，而這也是佛陀常常教導的一個方法。我們可以用數、隨、止，即數呼吸、隨呼吸然後達到止（一心不亂）的這個方法。用呼吸的方法時，必須切記不用意念去想呼吸，而是用身根鼻子這個部位去觸覺呼吸。可能開始會發現沒有辦法觸覺，因為這個部位的觸覺範圍比較小，也比較細。也就是呼吸的觸覺是滿細的，而身根是比較粗的，所以開始時可能會遇到「用不到方法」的情況，但是沒關係。我們同樣就是先把自己的姿勢坐好，審查自己有沒有放鬆。放鬆的一個方式就是逐步地放鬆，一個部位、一個部位慢慢地放鬆，用觸覺而不要用意念去想，讓身體慢慢放鬆下來。這樣巡迴兩次以後，就可以審查全身有沒有放鬆。如果審查全身時，發現到身體完全放鬆了，心又非常清楚地能覺照到全身了，這時候算是滿接近身心統一的狀態了。此時，如果我們用默照或用話頭的話，很快就進去了。

儘管如此，這種身體非常放鬆的狀態，多數不是來到禪堂才放鬆、才調和所能做到的，這都是平時也要在用功的狀況才行。換言之，如果平時都能放鬆、調和的話，就比較能夠達到這個效果；反之，如果沒有辦法做到這麼細，或者是那麼完整地覺照，那就讓自己坐下來全身放鬆，可能巡迴一、兩次了以後，注意力就能收攝回到你的身體，多數會察覺到呼吸。如果察覺到腹部或胸部有起伏，這都是呼吸的動和呼吸的作用。這時不要把注意力停在呼吸的作用上，反而應該順勢地把注意力放到鼻端那邊。當你察覺到呼吸，你是放鬆的，因為你是覺照全身才發現到呼吸，那是自然的呼吸。

自然的呼吸是處在自然調和的狀態，比較均勻且滿細的。在這個狀態下，我們可以繼續一直保持這個察覺，讓心能夠收攝。雖然一般來說不太容易，因為一察覺了以後，心收回來時，就會發現還是很多妄念，又或者身體有比較強的觸覺會把注意力拉走，有時候我們甚至跟著妄念走了也不知道。在這種情況下，我們同樣用數的方法，但是不要一開始察覺呼吸就馬上用數，因為這時候可能會用到意念。我們應該先察覺，然後放鬆，感覺比較穩了，才把數目字輕輕地放上去。數目字是我們意念的作用，並不是強加上去的。我們有些時候是硬用意念把數目字放上去。其實當察覺到呼吸了以後，心就輕輕地把數目字放上去，在這個過程裡，每一次放數目字，就把覺照心提一提。

覺照心的作用就是知道自己在注意呼吸，從一數到十，從一數到十……。如果過程裡發覺自己對數目字很清楚，而且這個清楚是配合呼吸的，有呼吸了，察覺了，數一下；察覺呼吸了，數一下，慢慢地就會發覺到心愈來愈凝聚。在這個過程裡，愈放鬆，呼吸會愈細；至於數目字，如果覺得比較粗的，就把它放下。

當我們數到發覺數目字好像很重，它就會自然掉了，那麼我們的心就隨著呼吸，直到心變細了，就可以把呼吸也放下；因為這個時候呼吸還在動，而我們的心不想動了，它就止，所以呼吸就把它放下。我們的心雖然感覺這是一個感覺而已，但它是收攝在這邊了。實際上心在這個過程會慢慢地自然凝聚。因為我們不斷地收回來，所以它就慢慢地凝聚。過程中它也沒有停在任何的一個點。心本身凝聚了，所以就沒有停在任何一個點了。但是因為我們用呼吸的方法，所以感覺上它是在這一邊；如果我們的心止下來了，就一心了。

心止下來了，如果要用話頭的方法，就把話頭輕輕地提一下。當我們的心很穩定了以後，話頭輕輕地提就可以了，不需要用力把話頭提起。由於心已經很穩了，在念的時候，慢慢話頭與心就能統一了。

如果用這方法能夠讓話頭與心統一，我們再進入到「問」話頭的方式，這時候就會比較有力量。因為當心與話頭統一了，妄念就不會干擾；也就是說心中潛伏著的妄念不會翻出來，因為我們的心已經很穩定了。在這些過程裡，有幾個地方需要注意：第一是不要用力念。如果我們直接用念話頭的方法，則是用意念在用方法，在念的時候心凝聚了，不需要用力。不要怕話頭或者佛號會跑掉，我們愈怕它跑掉，它就跑得愈快。因為怕它跑掉的心就是一個罣礙，這個罣礙罣著的就是：「等一下這個話頭跑掉了，等一下這個佛號跑掉了……。」

當我們有了「等一下」的罣礙，就是未來的心，而不是當下的心。心跑到未來，話頭可能就不穩了。當下的心是：話頭就是話頭，我們就只是在當下念話頭，就是這樣一直念，這就是我們要注意的。你不要去想：「如果不用力的話，等一下它跑掉。」

我們用呼吸的方法一步一步修到心止了以後，才把話頭提起來。提話頭、念話頭的時候，讓話頭與我們的心統一，這個過程是可以做到的，只要心達到止的狀態即可，而這個時候的話頭就會很穩定。

另外，如果我們用話頭的方法，就不要去配合呼吸，不要用呼吸來念話頭。因為呼吸是身根的觸覺作用，話頭是意念的，不要把它們攪在一起來用。念話頭的節奏與呼吸的節奏攪在一起的話，可能會變成一個干擾；我們如果繼續用呼吸在念話頭，呼吸愈來愈細的時候，話頭怎麼辦呢？它就好像我們用呼吸的方法，數、數、數到呼吸愈來愈細的時候，我們的數目字是要放下的。但是如果攪在一起了，這時候話頭是要放下，還是不要放下呢？我們是用話頭，所以這個時候要放下的是呼吸，不是話頭。

因此，我們如果直接用話頭，當然是把呼吸放掉了。如果發覺自己沒有用話頭，而是用呼吸的方法，但是卻在沒有達到一心不亂時，就想把它轉成話頭，也就是心收攝到某個程度，我們就轉話頭，這也可以的。另外，當我們數呼吸數得不錯了，想直接把數的方法用來數話頭也可以。但是如果要把它轉成話頭的話，呼吸就要放開，注意力就不要放在呼吸上，也就是不要把兩個放在一起用。

當我們只是察覺呼吸，我們就注意呼吸，數呼吸就數呼吸；如果想要從數呼吸轉到數話頭的話，呼吸就得放掉，因為話頭本身有話頭的節奏，不要跟呼吸的節奏湊在一起。如果湊在一起的話，一個是生理的身根，另一個是意念的，這很可能會混亂了。所以如果我們數呼吸一、二、三，數得不錯了，比較穩定了，那就可以把它轉去話頭：「什麼是無？一、什麼是無？二、什麼是無？三……。」呼吸就不理了。把呼吸放掉了，就只有「什麼是無？」。放慢它，不配合呼吸，只是注意「什麼是無？一、什麼是無？二、什麼是無？三……」這樣的方式。

有些話頭會比較長：「父母未生前的本來面目是誰？（呼）父母未生前的本來面目是誰？（呼）父母未生前的本來面目是誰？（呼）」幾次過後，我們就暈倒了，配合呼吸的話也就亂了。所以我們一定要只用一個方法，這樣比較簡單。我們會發覺，當坐好了直接把話頭提起來，然後數它，這時會因為妄念還是很多，沒有止的方法來收攝，話頭會很容易跑掉；但它還是可以用，也就是說借用數話頭、隨話頭的方法來達到止的效果，同樣是數、隨、止。

選擇相應的話頭

「六妙門」的方法很有善巧，我們可以數呼吸、可以數念佛、可以數話頭，「數」了以後「隨」，「隨」了以後「止」。「止」的時候就是一心，然後就是心與方法合一了、統一了，它就止了。這是我們可以用的方法。這個部分的方法在用的時候，還是屬於止的工夫，如果我們到了一心不亂，轉成問話頭。開始我們念話頭的時候：「什麼是無？」「父母未生前的本來面目是誰？」「不思善不思惡本來面目是誰？」（沒有善沒有惡的時候，就是你的本來面目，那個本來面目是誰？）「拖著死屍的是誰？」這句就是說我們現在拖著的這個身體，如果沒有生命了就是死屍，但是現在它會動，就是因為有一個東西在拖著它，這個拖著它的就是我們的心、我們的生命，而這個到底是誰呢？實際上就是要找到心的本來面目。而這個死屍，拖著它走；它坐的時候就讓它坐；它吃飯的時候就讓它吃飯；它之所以會有這些功能，就是因為有一個心在作用，而這個心到底是什麼，這些就是我們在參的話頭。

這麼多的話頭，我們選一個跟自己比較相應的。不要覺得「什麼是無？」念起來有一點點味道，然後「父母未生前的本來面目是誰？」也好像滿好玩的，「拖著死屍的是誰？」也是不錯哦，那就全都亂了！

中國佛教發展到後期，用話頭的時候，一般不是只用一個。「什麼是無？」則是近代比較流行的。追溯到北宋的大慧宗杲，他也在強調這個話頭。如果再往前看，有一個叫無門慧開的禪師，他把所有的公案，大概四十多個公案編輯成一本書，稱作《無門關》；而第一個公案就是「無」字公案，所以這一本書被叫作《無門關》。

從那個時候開始，「無」字公案就變成是參話頭，也是參公案裡一個非常重要的公案；可是在中國佛教，除了大慧宗杲有提，後來用的人卻很少，很多都在用「念佛是誰？」，這是因為南宋過後，很多禪堂都是禪淨共修或禪淨雙修，也就是一面念佛一面參禪。因此當時最流行的話頭也就是「念佛是誰？」，就是正在念佛的那一個東西是誰，這也是後來我們看到中國禪堂很多都在用的。

「什麼是無？」則是日本的禪堂用得比較多。有時候他們把「什麼是」都放下了，只有「無、無、無」一直在參。他們參的是一個公案，而這公案是由趙州禪師開始的。趙州是一位很有趣的禪師，禪修體驗非常深，卻沒有開宗立派，但是他對整個禪宗的發展發揮了很大的作用。有一次一個禪眾問他：「狗子有佛性無？」他就是問他狗有沒有佛性，他就直接回答：「無！」這就變成是一個公案了。為什麼它會變成一個話頭或者是公案呢？因為我們知道，狗是有佛性的，這是大乘佛教講的，禪宗也講狗有佛性。為什麼這個學生問的時候，趙州偏偏跟他講「無！」？這個「無」到底是什麼意思？所以最後就變成了一個公案或一個話頭來參。

破參見到本來面目

實際上，公案和話頭的作用是要參出疑情，在問的過程中要有疑情。疑情就是我們在用方法，問話頭或參話頭的時候，內心裡所產生的一種力量，這個力量就是「想要知道」的力量。比如拿到一個東西，想要知道它裡面有什麼，就會一直想。

有時候我們也會有一種類似疑情的情況，比如說看到一個人很眼熟，但一時又想不起他是誰，但是我知道我認識他。我們的心就一直在那邊鑽，一直在想這個人是誰？是誰？疑情就是類似這樣的情況，一直想要知道，然後一直知道說：「我是知道、認識他的，但是怎麼一直想不起來？我再繼續想下去、繼續參下去就會知道……。」疑情產生的就是這樣的一個作用。

這樣的作用產生以後，實際上是沒有答案的。到了最後，當我們發現到那個人：「哦！他是誰！」「他」並不是答案，參到最後知道了「他是誰」，知道可能他叫「阿狗」，「阿狗」是答案嗎？不是！是你「知道了」，哦，原來如此！

所以我們參話頭的時候，不是有一個答案出來，不是說參：「他是誰？媽媽的孩子？還是爸爸的女兒？」這些都是答案。但是知道「他是誰」了，「他」不是答案，就是你知道的東西，現在知道了，這樣子而已！人家告訴你那東西叫作「杯子」，這杯子可以裝水，它旁邊有一個柄……，講了一大堆，然後你就參：什麼是杯子？什麼是杯子？什麼是杯子？什麼是杯子？然後人家回應：這個就是杯子！這個是答案嗎？不是！就是這個東西，這樣子而已。

我們用話頭的方法，不是說有什麼東西、什麼答案跑出來，而是最後你破參了，見到了：「哦！原來就是這個東西！」所以你破參。破參見到是什麼呢？見到佛性本來面目，就是這麼一回事。不需要再加什麼東西進去了，也不需要說：「哦！是什麼東西……。」甚至那個時候也沒有什麼佛性、什麼空，什麼都沒有！見到了就不需要講了，杯子就是杯子，就是這樣。

我們參話頭或者參公案是這樣的一回事。在用方法的時候，不要去想像過程裡有什麼東西，菩提！佛性！空！……，那些都沒有用！就好像說「我知道他媽媽的兒子」有用嗎？「我看他大概是三十五歲左右，大概是一九多少年出生的……。」這些答案跑出來都沒用。因此，我們在參話頭的時候，它實際上的功能是這樣的作用。這樣的作用就不要想答案，只是用話頭慢慢地、慢慢地、慢慢地讓疑情的力量產生起來，再讓它變成疑團，最後這個疑團參破了。

我們之所以說「破」，就是因為破了才看得到。看到什麼呢？真的看到了不會講，因為講了以後大家就會去想像：「嗯，大概是那個東西……。」每個人在看到的時候，雖然那是一樣的，但是「看到」的過程，或者那種反應，只是看到當下的那個念、那個心都會有不同的。我們在用方法的時候，心與話頭不統一或者話頭沒有辦法與心統一的話，很多答案、妄念就會跑出來。

另一個情況是，當心沒有統一，我們卻用力：「什麼是無？什麼是無？什麼是無？……。」這樣用力地用功，心裡很多的妄念就會被攪翻出來；當被翻出來了以後，我們會忽然間發現：「嗯，這個句子很美啊！」就一直在想：「這個就是我的答案了！」雖然捉到了一個「答案」，但卻不是我們要的。

很多時候我們用力直到一個答案跑出來後，只要一捉，所有的力量馬上就洩掉了。拿著這個答案去找老師說自己開悟了，知道了本來面目是誰。如果你的老師很高明，他就知道你是在打妄想。所以我們在用方法的時候，是沒有任何思惟的作用在裡面的，唯有不要這些會讓我們生起妄念的作用，方能讓心與話頭統一。

打破黑漆桶

在「問」的過程裡，話頭問的方向是往內問的：「什麼是無？」開始的時候是「什麼是無？」、「父母未生前的本來面目是誰？」，發覺心與話頭統一了，變成是一個很主流的意念。當念力變成是一個念了以後，再把它轉過來「問」：「什麼是無？」我們在問「什麼是無？」的時候，就已經變成是在問了。「什麼是無？」、「什麼是無？」、「父母未生前的本來面目是誰？是誰？是誰？」就是用「問」的方式了。但是這個「問」一定是往內問，如果我們往外問的話：「父母未生前的本來面目是誰？」、「那個人是誰？」，「那個人」就跑到外面去了。

以《六妙法門》裡的修習次第「數、隨、止、觀、還、淨」來說，問話頭的方法是「還觀」，所謂的「還」就是還回來、還本、還原的那個「還」，也就是我們不往外追觀，不是觀外在的東西如無常、無我、空；「還觀」是回過頭來，「觀」的方向不是對外，而是對內的。對內就是念還沒生起念頭，我們就是要往內去問，所以方向是對內的。對內的過程中，我們用問的方式，「父母未生前的本來面目是誰？」「是誰？」「什麼是無？」就是這樣往內心去問。

這樣的過程，我們會慢慢發現到，「問」的時候會愈來愈想知道是誰，當我們到了這個境界，它就會愈來愈卷成一個很大、很猛烈的力量在滾動，而這個滾動是往內的，它愈卷愈大的時候，我們就進入到「參」話頭的階段。在「問」的時候可能還有一些字眼或話頭會生起來，到了「參」的時候，可能這些文字相就已經沒有了。這時候我們若是一直往內卷的話，話頭所卷成的力量，它的疑團就愈來愈大，到了最後，忽然間，雲開霧散！

我們有時候會形容這種情況為「打破黑漆桶」，當我們進入到疑團的時候，就好像進入黑漆桶裡，為什要說是打破黑漆桶或桶底脫落，整個人掉出來了，是什麼意思？就是見到了！話頭的方法就是這樣的一個運作過程。主要是能夠「問」進去，然後慢慢地卷成疑情，再把疑情慢慢地讓它生起來、卷出來然後再卷進去，直到變成一個疑團，而那個力量就愈來愈大。這麼大的力量，心一定要非常穩，如果心不穩的話，它就進不去了。

我們用話頭時，如果心和話頭不統一就轉「問」的話，它就會沒有力量，很容易散掉，而且方向很容易對外，因為不統一就很容易對外；又或者不統一時，一問很多妄念或很多答案就會跑出來；又或者心很用力在猛問，或所謂猛參話頭的時候，內心裡面有很多的妄念會被攪起來，煩惱或者是以往所讀的一些經論的東西會被攪出來，有些人就會捉一個句子認為自己找到答案了。

當我們很用功卻不能破參，這就表示我們必須要放鬆，到止了、心統一了，然後與話頭統一。心與話頭統一的時候，也就表示話頭已經成為我們心的主流作用，妄念不會干擾。這時候如果再深入我們的心，即使有一些妄念被攪出來，心都不會被干擾；甚至當我們慢慢進去時，如果話頭的力量還不是很強，妄念還是會出來，但是這時候只有一個話頭，沒有答案，任何的妄念或任何看起來好像答案的東西，這些全部的念都可以用話頭讓它過去，就是保持只有一個話頭。

我們之所以參到後來，話頭的力量會那麼猛，就是因為它進去了，把疑情攪動了，然後慢慢地卷成一個很大的疑團；所以用話頭的方法，它的猛就在這裡。但是這個過程裡，首要條件就是必須先有放鬆的身心，才能達到這個作用，否則那個「猛」也不是真正的「猛」，而是我們很用力參；如果是猛的過程，並不會覺得累，而用力的話就會有這種感覺。當我們往內卷進去時，它的力量很猛，這過程裡即使任何一個妄念來了，這個話頭都能夠把它「趕走」。在卷入了的時候，妄念根本沒有力量來干擾我們，但假如有一個很有力量的妄念跑出來，你就捉一下，這時會發現這個力氣就洩掉了。

我們在用方法的時候，它有這個力量，不過一定要繼續保持到最後，直到產生很大的疑團，最後它破參。儘管如此，有疑團不見得都會破參；有些人的疑團卷得很大，但最後還是呼……洩掉了！這是因為他們有了疑團卻打不破，出不來。

能夠進入到這種狀況的人還是很少。有一些人在用方法的時候，因為不斷地往內進去，而且力量相當猛烈，所以進到比較深的心的作用以後，可能只是他身心的狀況，他只是住在自己本身的時空觀念裡；所以有一些人參話頭或者是用這個方法時，會讓人感覺到他好像跟外界有了隔離，就好像外界的時空跟他的時空不完全相同，他自己本身的感覺也不一樣。因此一般我們用這個方法能夠用到那麼猛的話，若在寺廟或者是叢林與禪堂裡，那就比較沒有問題；反之，如果是在自己的家這樣子的話，就比較麻煩一點；當然要在家裡用功用到這種狀態，是不太可能的。

我們有時看到公案裡或禪堂裡的一些紀錄，就有這樣的一種狀況。像虛雲老和尚參話頭，參到他在那個時空觀念裡，好像不完全跟那個外在的時空相應似的，有一次有人倒熱茶水給他，他的手被燙到了，那個觸覺非常地敏銳，他很自然地手一放，杯子「啪」地掉下去，那個聲音一進入到他的耳根，他的疑團就破了！

來果禪師在參話頭的時候，也是參到那種狀態。有一次他在吃飯的時候，負責行堂的僧職看到他那個樣子，「啪」地打下去，結果打得不對，聽說那個時候岔氣，氣就岔掉了，因為那個打他的人不是高手，如果是高明的人可能就對他有幫助。後來，來果禪師開悟了以後，他在負責主持一些寺廟時，就不准僧職在人家吃飯的時候，用打的方式。

所以這些人參話頭會參到那種狀態，就是他在不同的時空觀念裡。他是很清醒的，但是他的時空觀念跟我們的時空觀念已經不在一起了；也就是他心靈空間的次元，跟我們有一點距離，不完全在我們這個時空裡；時間上、空間上可能有所不同；儘管如此，他本身在話頭裡是很清楚自己的狀態的。有些比較高明的禪師一看到禪眾有這個狀態，就會用適當的方法，可能喝一聲、給他一個動作，或者就講一句話，有一些人就會開悟了，也有一些人是在過程裡自己破參的。

對方法要有信心

我們用這個方法並不是想要得到什麼答案，一旦有這個念頭，就變成是妄念，那話頭也就不能一心了，這時候儘管形成疑團或凝成的疑情，也會好像吹氣球一樣漏掉，那就是因為有了這些妄念它就洩掉了，不能夠凝成團。我們在用話頭的方法時，不要去想像通過話頭可以得到什麼東西，甚至不要想說可以開悟或什麼的；只需要知道自己在用話頭，在問的過程裡，當疑情生起來就繼續地問，就只有話頭，就算問到疑團生起來了，還是繼續問；要很有信心，因為很多人在那個階段會害怕，這時候如果信心不夠，也就是對方法或對老師的信心不夠，是不敢進去的！這樣的話，它就不能卷成疑團，也就沒有力量了。

所以這個方法用得很好、很猛烈、很有力量的時候進去破參，那力量是滿強的。如果我們在很猛烈的過程裡有太多妄念要追求答案，或希望得到什麼東西，或是在關鍵時刻對老師、對方法、對自己沒有信心的話，就會洩氣了。

很多人在用這個方法，但是能夠從方法得利的卻不多；然而如果得利的話，它是很有力量的。所以很多用這個方法破參的人，他們的悟境是滿深的，他們所見到的佛性與見到空性會滿清楚的。這個方法也就是頓悟的方法，但是一定要具備一些條件。基本的條件就是開始用方法時，身心一定要放鬆，然後話頭要與心能夠統一，再到止的狀態、一心的狀態；然後方法用下去時，所有的妄念一定要把它掃掉，就只有一個話頭，裡面並沒含有任何的追求，沒有想要得到什麼，沒有想要得到答案，沒有想到開悟，沒有想要去見到什麼東西……，就是一直用話頭。

我們用這方法時，必須對方法很有信心，然後在過程裡，當自己進入到這個狀態時，更要對老師很有信心、對自己很有信心；知道自己可以進去，也要知道進到那個狀態裡，老師會給予指導，這樣子的話一旦它的效果發揮出來，力量會很大，所以我們說用話頭的方法猛烈，就在這個時候，它的力量叫作猛烈，不是一開始就拚命才稱作猛烈，這樣是在用蠻力，用蠻力是沒有用的。我們也知道用方法要用很猛的力量醞釀，然而在運作時，首先身心要非常放鬆。如果做不到，或是用念話頭的方法還沒有辦法達到身心統一，那就繼續放鬆地念，就是用話頭來達到修止的作用。一開始用話頭沒有這麼快進去，可以用呼吸的方法先讓自己的心達到止或一心，然後才把話頭提起來，讓話頭與心統一了，才問話頭。

這個方法說明瞭以後，其實它並不是很難，也不會很複雜，但是在用的時候，要具備滿多的條件。這些條件都具足了，一用它整個作用功能就會發揮出來。

慎防慣性

身心大致放鬆了，就可以開始用念話頭的方法。用這個方法修到一心的時候，話頭就與我們的心統一了。另外，如果是用呼吸方法的話，也必須要把心調到一心後，再提話頭，接著讓話頭和心也統一，這是最基本要做到的。

如果做不到上述所說，要用話頭做為參的方法，就不容易了。所以前面的階段，都是主力用功的地方，但是實際上卻不容易，因為這是從粗調到細的過程。我們修止就是從比較散的心開始收攝。平時我們的心都很散，現在開始要收攝它，所以就要用方法了。

把散心調細

由於心太散了，我們不能用很細的方法來收攝，只能夠用比較粗的方法。而比較粗的方法來收攝心，心會保持收攝了，但還是比較粗。只要心可以收攝了，就算是比較粗的，它還是比較安定，我們就可以用比較細的方法，再進一步調它。如果細的方法用得好，心就會愈調愈細，然後達到一心，這時候我們再用觀的方法。如達到身心統一了，就可以用默照的方法，或用話頭、問話頭，然後再轉入參話頭。當轉到參的方法時，就要把「一心」給打破，這時就會證到悟性。

我們在用方法的時候，常常會想要用力把心收回來，這就好像是在跟心做拉鋸，心要跑出去了，把它拉回來！所以這個過程確實比較困難。很多初學的同學來的時候，都是在調散心，能夠用比較粗的方法把心收回來已經很不錯了。很多人往往在這個階段調不好，所以就給大家一個方法。心比較散的時候不能給太細的方法，稍微粗一點的方法在用的時候，還可以用一點點的力，但是大部分我們都很用力，因為習慣了。

我們在用方法時，常常會習慣性地用我們的意念。用意念的話，就會比較用力。我們知道這個方法怎麼用，但是心太散了，所以要用的時候，就要用點力。我們知道要數呼吸，可是卻找不到呼吸，所以我們就用力了。在這個階段用功，如果方法掌握得不好，很多時候從散心到粗心這階段，我們就用不上去了。於是，就會出現愈用愈沒有力，愈用愈沒有味道的情況。最後再用不上去就跑掉了，去尋找有沒有比較快速的方法；或者是最後沒辦法了，看誰能夠助他一臂之力，然後讓他解決所有的問題。

也有一些人在這個階段用功時間，可能延得很長還是過不了。這是因為回到平常生活的時候，心又是那麼散，儘管剛剛學了方法，稍微把心收回來安頓一下了，但是一回到日常生活裡又散掉了，所以每次來打七就是從頭收拾這個心。

大部分的人心都是比較散，只能夠用比較粗的方法來收攝。很多時候我們大概都會在粗的階段一直兜，因為平時在用方法時，多數都會用力，而用力是用方法最大的障礙，一用力方法就用不上去，可是心很散、很粗的時候，不用力又感覺沒有辦法用功，這就是我們在調心過程中，最不容易掌握的。

另外一種情況就是心很散，卻去學一個很細的方法，卻要讓它達到無心，想要馬上用一個方法給自己開悟。心那麼散卻要打破它，怎麼下手呢？這是無從下手的。我們必須把心凝聚到一心了，才能夠打破它。

不要慣性用功

心很散時，實際上是有很多粗的念，而這些念裡就是我們的一種「想」（想像）的作用。因此當心很散時，我們不能用方法來收攝它，就會想像自己的心在用方法。當我們想像心在用某一個方法，而心繼續保持在那個散的狀態，在用方法的過程中，常常會讓我們感覺好像用上了。想像久了，它會變成一種慣性。就像我們平時很散的時候，有很多行為、想法或是很多的造作，其實也是很散的，但是不斷地重複，它就變成了一種習慣。這時很多人會誤以為這個就是自己的境界了。

比如我們練習一些方法，不斷地練習，可是這不是真正用方法在練習，只是不斷地重複這個動作而已。當不斷地重複時，很多人會以為自己用上去，因為它已經變成習慣。比如說我們在念話頭，或者念佛或者數呼吸，如果發現最後它有點類似「機械化」的過程，那就是變成慣性了！這個過程就是在重複。所以我們在念話頭的時候，是「念」話頭；這個話頭的「念」是這個時候的心在念。可是我們在重複的時候，是過去的心。若用英文解釋，有些人在教話頭的時候，他們會說「repeat the」話頭，「repeat」就變成是重複了，如果用「重複」的話，就會變成慣性；所以只能夠說成念：「recite」，因為「念」的話就是每一次念的時候，就是那一次！如果是重複這個話頭，我們是把過去的那一次帶過來。所以我們很多時候是在重複我們的動作，而重複的過程，就變成慣性。因為變成慣性，它就一直會重複出現，自己還以為已經用上去了。

這就是我們在用方法時，常常會出現的狀態。當心很散的時候，我們不能夠在每一次當下的心去用功，很容易地就變成是一個慣性在用功。而我們進入到這種狀態的時候，就沒有辦法再深入了，因為我們坐在那邊，就是一直在重複而已；就好像我們影印文件，印出來的都是一樣的。

這就是我們用方法時要注意的。這也是在比較粗的階段時很容易犯上的。有些人在念話頭時，念到話頭偶爾會從心裡跑出來，一下子又沉下去，再等一下子又跑出來……，其實這是因為我們的話頭沒有真正一心一意去念它、用它，它變成了習慣。習慣就是業的一種功能，過去、現在、未來把它串成一個輪迴。

這種情況變成了我們在念時不是在念當下的，而是過去的，即說我們念了以後，它變成了一個影像，我們念話頭念到變成一個影像，潛藏在我們的心中，時不時會跟其他的妄念一樣，在我們的心裡浮出來，讓我們看到一下，然後又沉下去。

有一些人長期念佛會認為每天只要十念十聲，念佛念十聲、或者是念十口氣、吸一口氣：「阿彌陀佛、阿彌陀佛、阿彌陀佛……。」然後念十口氣，就可以往生了；他們把經典拿出來稱作「十念念佛」，然後變成「十聲念佛」，最後變成「十口氣」在念佛。「十念念佛」就可以往生，在經典中好像有這麼講的，但它說的其實是「心的念」。我們需要知道真正十念心裡，十個念是非常快速的。一個彈指有多少個剎那呢？一個剎那有多少個念呢？就是那十念，一心不亂的話，真的可以往生；但是我們的心有沒有細到那個程度呢？沒有！

我們現在念的佛號都是很粗的念在「念」，甚至把它念成了一個習慣，而這佛號變成妄念裡的一種。我們的妄念有很多，善的、惡的、正的、邪的都有，那是妄念組合起來的，而這個佛號則是這麼多妄念裡的一個，偶爾出來「喘一口氣」給你看到，然後又沉下去；就好像河流上一片葉子掉在河裡，沉一下又浮一下，我們念佛的工夫就是這個程度。如果是念話頭，念到這樣會有用嗎？很多人到這個階段，還以為自己很厲害，叫作「念而無念，無念而念」，也就是念的時候是無念的，可是它無念的時候，卻又跑出來念一下。如果這樣能夠往生的話，我們全部都去了阿彌陀佛那裡了，不用到西方極樂世界建設淨土，直接在這邊建好了，只要進來拿皈依卡，做 passport 就可以進了，這樣豈不是簡單點了！

很多同學用方法會用到這個情況，把它變成了習慣。一些用數呼吸方法的也會這樣，數到最後呼吸也不知到哪裡去了：一、二、三、四，念到四，平時的習慣會四跳到十，但是他連這個習慣也斷了，就回來一到四、一到四、一到四……，或者十到一、十到一……，他也一樣可以念，因為他習慣了，數目字對他來說，要怎麼用都可以。但是我們正在做什麼呢？我們是在數息啊！要數呼吸，而這個數目字是幫助我們、提醒我們現在在注意呼吸，現在的心放在呼吸上，可是最後呼吸卻不見了、收攝的心不見了，只有數目字在那邊。我們從一年級就學會數這個數目字，數到很熟了、習慣了，所以我們用這個方法很容易會變成這樣。

沒有方法的方法

有一些人心散散的，看起來都好像是在用功，感覺自己都有在用方法；這些都是我們在過程裡多數會出現的，這也是為什麼有些人用方法用了很久，還是在那個階段，因為進不去；也就是說我們在用方法的時候，實際上沒有真正用心地在用。另外有一個情況，就是我們的身心狀態真的是太散了，要它用心卻沒有辦法用心，那些心很亂的就更沒有辦法了。所以我們要知道可能會有這些情況，在這個過程裡會重複或會用力，這些都是在用方法的時候必須要避免，不要掉進去的。

當說到不要用力，就是要放鬆自己；散漫的心是沒有辦法用方法的，因為一用方法就用力。那我們就用最沒有辦法的方法，聖嚴師父曾經跟我們說默照的方法叫作「沒有方法的方法」，所以當進入到默照的境界，它沒有任何的方法；那我們現在也用這個「沒有辦法的方法」，因為已經到了沒有辦法用功了，那麼就用「沒有辦法的方法」；那就是坐在那邊，什麼都不要用、什麼方法都不要用！

這看起來就是「沒有方法的方法」，實際上是「沒有辦法」的方法，即已經

「沒有辦法」用功了，就只有坐在那邊。現在很多同學就是用這個方法，就是坐在那邊，當問他：「你在做什麼？」「放鬆。」就是放鬆，什麼都不能用。但是如果我們總是保持這個狀態的話，它還是有作用的。就是不要用力，不要讓自己的心、身體用力。但身體還是要坐正，身體不坐正的話，它還是會用力。所以身體要坐正，是唯一的方法。

用方法時，心不要用力，有些人一用力就會綳緊，叫他數呼吸，他卻去控制呼吸；叫他覺照全身同時放鬆，他就發現肩膀不放鬆，再叫肩膀放鬆，結果卻愈叫愈不放鬆，每次一用力就捉緊。這種是心太散，就要快點捉一個東西來用功。當捉不到「東西」時，他就會出現「這個要、那個要」，也就用力地去捉住那個方法。稍微捉到了就捉得緊緊的。這就是心太散的時候會出現的情況，很容易就綳緊，因為他要捉住方法。

這情況怎麼辦呢？全部都放掉！不要再捉任何一個方法，就坐在那邊。我們的心在散的過程裡會一直轉，而出現很多妄念，平時很容易習慣性地去追逐它，現在都不要理了。過程裡妄念它會慢慢沉下來，漸漸會發現到心好像慢慢定下來了，能安靜了，比較沒有那麼亂了，因為沒有去追妄念，心就比較能夠沉下來。

心比較能夠沉下來，妄念的干擾也沒有那麼強烈了，或者說妄念的誘惑也沒有那麼容易把心拉走了，這時可能就發現到自己可以注意到身體了。心平時很散的時候本來是跟著五根跑的，現在暫時停止了，而妄念也跑到沒有力量了。我們一直坐在那邊不動，這個念也算是跑太多了，這時就好像我們跑圈，跑啊跑，然後靜下來，大家就會全部躺下去睡著了。躺下來以後，心察覺到身體或注意全身，也可以注意呼吸，方法就可以收回來，心就開始回收。

心很散的狀態，我們就只能夠放鬆，不要去捉任何的東西；在過程裡如果能夠發覺自己察覺到身體了，心已經能夠有一個比較清晰的境，可以緣我們的身體、緣呼吸的時候，我們的心就收攝了，便可以用心地用方法。反之，如果我們還是散散地去捉，捉了以後又怕它跑，那就會一直強迫它，然後用意志用力，這樣很容易就變成慣性。

安住當下

慣性用功基本上沒有什麼覺照，也就是有用心跟沒有用心都差不多；比如說念「阿彌陀佛」時沒有用心在念，它也會跑出「什麼是無？」，所以我們可以用數目字，即「什麼是無？」的後面要有一個數目字，數呼吸也一樣，這數目字是一個提醒。

有時候捉得太緊就變成蠻力，硬用上去也可能會變成一種習慣；所以有些人在數呼吸時，一直數一直數，不時在想：「我什麼時候可以隨息呢？數了那麼久怎麼還不可以隨息？」不論這是因為數呼吸還是數數目字，都已是習慣。如果我們一直在這個階段的話，就會發覺自己一直在那邊繞，怎麼繞都繞不出來！

另外，有些人在用數呼吸的方法時，會一直問什麼時候才能夠把呼吸放下，實際上應該是先把數目字放下，可是一把數目字放下了，呼吸也不見了，這時數目字又跑出來，他又再數數目字了。當我們把方法用成習慣，就變成機械化了，念佛也念到這樣的話，這個念佛就沒有力量。如果我們用心時會發現佛號，不用心時佛號偶爾也會跑出來，這種情況我們就要注意了。

換言之，我們在用方法時，所謂的「用心」就是很清楚地知道是在用方法，然後練習這個方法。在練習方法的時候，每一次都是當下的那一次，這樣才能夠調我們的心。所以我們在數呼吸時，一、二……，數的就是那一次的呼吸。如果數不到，數目字跑掉了，可以再回來，不要去想自己剛才數到幾號，不能用這種方式！只要一察覺，就回來再從一開始，把過去的中止，不要再理會它；也不要去想等一下可以數多少個數字，也不要在那邊說：「嗯！這下子終於發現到呼吸了！我這一下子要數它多少呢？」不要想像這些，這都是跑到未來去了，它已經不是住在當下的心。

我們在數呼吸的時候，一、二、三……，都是察覺當下，察覺的那個呼吸。當數到很清楚了以後，數目字才會掉，因為心與呼吸已經能夠統一了；覺照的心跟專注的心統一後，就不需要數目字了，它自然就會掉。所以「每一次」我們在用的時候，就是那一次，這樣我們才能夠真正的把方法從粗調到細，再調到一心；就只有一個心！

如果我們還是在粗或散的階段，把它變成用力、變成慣性的話，它就進不來了。如果沒有辦法走過就會停在那邊。儘管如此，很多時候我們都不太願意去面對自己本身的問題，我們認為不可能，因為自己這麼用功，怎麼可能這麼差勁呢？所以就會去想像自己到底用功用到什麼程度。常常聽開示、看佛書，裡面有很多很細的方法，有很多開悟的境界，讀多了以後統統都把它放到意念裡。在打坐的時候，就會去想像自己應該是用上什麼工夫了，大概是第幾禪了，因為閱讀過書裡面講的初禪有什麼覺觀，還有這個喜樂一心。「你看我這個是覺觀、這個喜、這個樂、這個一心、這個是初禪；然後二禪又是……，二禪就沒有覺觀了……。」

我們的意念收藏的東西太多了，把它講深一點，第七識、第八識也來了，它裡面含藏的東西太多；當它跑出來時，我們看到後覺得這個是我們要的，所以它就成為了我的「境界」；然而這些都是我們的造作，它只是變成影像留在我們的心或留在意裡面。我們的「意」在收藏這些各式的種子時，偶爾會浮出來，這時我們又捉住它。

所以我們用話頭的方法，愈往內進去的時候，以前所讀過的祖師大德或公案、佛經裡的句子會浮出來，捉一個就是答案了嗎？所以才告訴你說，連這個都要用話頭把它趕走，不要讓它出現，或不要去接受它是你要的東西，你要的只有一個話頭。

你要進到只有一心在「念」話頭，然後「問」話頭、「參」話頭。但是很多時候我們在禪修時，用意念的部分比較多。我們知道意念實際上是最散的，因為它含藏的東西太多了！我們無始生死以來收藏了多少東西在意裡面，什麼時候它要浮出來都可以。我們也不知道自己什麼時候修過，或讀過一些好的句子，可能這一世沒有讀到，好多世以前有讀過，它從心裡比較深的部分跑出來了。

這些就是我們的習慣，我們一直不斷地捉這些習慣與習氣；含藏在我們意裡的都會變成我們的習氣，我們不斷地重複它，或方法不斷地重複的時候，就會變成這樣的一回事。所以用方法的時候就只有當下放鬆，這樣才不會捉緊，也不會把它變成慣性了。反之如果我們捉住了，從這邊一捉到那邊，即把這個「捉」帶過來再帶過去，它就會變成習慣了。

我們的方法應該在放鬆到這個剎那出現的時候，留在這個剎那用，用了以後，又放鬆，又在這一邊用，所以每一個過程都是在它現出來的時候才用它，才把那個方法用上去。我們用方法就是練習用這方法來訓練，過程裡因為方法用久了、用多了，常常練習它也熟悉了。熟悉方法並不是一種習慣，就只是對這一個方法熟悉了。所以每次那個因緣顯現的時候，我們就能夠把方法用上去，然後用得比較善巧，所謂的熟能生巧就是指用得很好，能夠把它做好來。

很多時候我們把它變成一種習慣，就一直重複那個過程。從藝術的角度來說，就是沒有創作力，所以出來的作品每一幅都好像用模子寫出來的一樣。相反地，如果是每一個字在寫，那個字就是當下那個字了，然後寫就是寫，這樣就表示這個心還是活的，這個作品才是有生命的，才是活的。

我們以為可以一直重複，其實是不能夠重複的，只不過是心有了這個慣性而已。我們「意」的作用會把過去、現在、未來貫穿起來，變成一個輪迴，這才變成是慣性。如果你的心很清楚地知道每一個當下在運作的話，就不可能重複了，因為每一個當下的因緣都沒有重複的；過去的它有相似、有延續，但是沒有重複。所以我們在用方法，比如念佛時，每一個佛號念出來的時候，實際上心或整個意的內容，或是組成意念的這個作用，其實都不一樣了！我們沒有兩個剎那是相同的，「觀心無常」，它一直都在變化的！

我們在用方法的時候，就是練習這個方法。把方法不斷地提起來，訓練我們的心，讓心在這個過程中，能夠凝聚，但是這個心還是在流動的。平時如果我們沒有這種理解，就會不斷地在重複那個東西，所以它就變成慣性。

變成慣性了以後，覺照的心就不敏銳了！這是我們大多數的時候都會犯上的。所以我們在用方法時，要很放鬆，知道當下那個因緣在用這個方法，可能那個時候我們念得不好，沒有關係，因為那是你當下的狀況，只要醒覺到自己那個時候念得不好因為心有點散了，再重新回來把方法提一下，感覺清楚了就好，當然我們也不把「很清楚了」的念加在後面。一個念念完以後，下個念再把方法提起，以此類推。

當我們在念話頭時：「什麼是無？」、「什麼是無？」、「什麼是無？」……，每一個念都很清楚的，心才能慢慢收攝，與話頭統一；這個話頭方法，能夠這麼運用，妄念才不會湧入來干擾。反之，如果是一種慣性的話，所念所用的話頭也屬於妄念組裡的一個念因，它在流動時，周遭的妄念也是跟隨著的，隨時都會浮現出來，只要我們一用力，妄念就會顯現出來。正確的方法運用是「當下一念」，由於它是流動的，所以沒有停在這個當下；我們的慣性是停住了然後重複它，心是流動的，所以不可能停留在同一個點上。

當我們念完「什麼是無？」，它就過去了，因緣也過了，接著再念「什麼是無？」，不停留在前面的「念」上，在因緣組合的過程到了這個念，再把方法提起。這就是之前說的，每一次在念都是當下的這一念。「安住當下這一念」，整體而言就是無住在任何一個念，這樣方法才是活的。方法用活了才會有力量，往往我們方法都用死了，變成慣性，就一直停留在一個點。很多時候從散的心調適的過程，最常遇到這類的問題。

清楚覺照每個當下

遇到類似的問題時就要懂得放下，所謂的放下，並不是踢走、排斥、趕走它，這些也是妄念，當有了這種負面情緒的話，它又變成另外的一個負擔。當我們想要「趕走」妄念時，不就停在那邊了嗎？要知道所有的念都是流動的，一過去就沒有了，它那時候浮起來，知道了，它就沉下去了。

這種妄念之所以一直會出現，有力量地在那裡周旋，是因為另一個作用把它捉住了。當你討厭它、趕走它，希望它不要再來，結果它就停在那裡了。相反地，當這些妄念浮現了，只要「知道了」，不追逐、不排斥，它就過去了，因為心是流動的，它一過，我們也過了，就好像一艘船走過了，水面沒有留下任何的痕跡。

當我們的人在禪堂，心卻一直住在過去，這樣是沒辦法用功的，會一直在妄念裡輪迴。方法在運用時，知道此時應該放鬆就放鬆，不留在任何一個部位上。所謂的覺照全身，並不是覺照一團的東西，而是整個身體的觸覺。它不會只有一種的觸覺而已。但是不管是什麼樣的觸覺都好，都知道就是要它放鬆。身體的每一個觸覺都不一樣，有些可能會較為明顯、強烈，心都不停留在那裡，一旦停留了，心也就被觸覺捉住心了。

當然，我們的心也不能完全不知道身體的狀態，所以就只是很清楚知道而已，知道身體的每一個觸覺，畢竟它還是身體的作用，流動時就讓它流動。身根的觸覺也是在流動的過程中，不會停止。身體的痛，都不會只有一個點在痛，也不會長時間就只是這一個痛，它每一剎那、每一秒都在變化。因此，必須明白覺照身體是這樣的一回事。心沒有停留在任何一個點上，清楚知道身體一直在流動，「觀心無常」、「觀身無常」，「觀身無我」、「觀心無我」，這樣子的覺照，也就是清清楚楚的，即無住。

無住時，每一個剎那、每一個當下，心都是安住的，尤其是在當下的因緣裡。清清楚楚地知道那個狀態、那個因緣，心到了這個階段就解脫了。所以我們現在就是要練習方法，不把方法變成一種慣性。盡可能把這方法的原理掌握了，也就是放鬆不用力、不停留，而這也算是較粗的方法，工夫用上了，很快就能夠調到比較細，甚至一心、無心。

當方法都用不上去，就可以嘗試「沒有辦法的方法」：就是什麼都不用，只是坐在那裡，盡量放鬆，不讓心停留在任何一個點，不跟著散漫的妄念四處跑，將心慢慢沉下來，就可以找到所緣幫我們收攝心，可能是全身，也可能是呼吸。這時候再把心收一收，讓它安住在境上，但卻不去捉它，只是清楚地覺照那個境，再依這個境來用方法。當然每一次用方法也是很清楚的，都只是那一次。加強練習，把這方法練習得很熟悉，而不是緊緊捉住方法，一再重複著這個過程，導致最後都變成了慣性。

不管是從散調至粗，從粗調至細，再調至一心，乃至到無心，如果都是以這樣的方式或原理來用功，它就能夠轉化；反之，如果捉住它不放鬆的話，就是一直重複在原地踏步，這就沒辦法轉化了。方法不轉化就不能繼續用功，最後也沒辦法深入了。在任何的狀況下用方法都沒問題，這本來就是我們平常的狀態，儘管心還是很粗的，也一樣沒問題，就只是選擇一個適合的方法用功。主要是用方法時切記一定要放鬆，不慣性式重複，也就是每一次用方法時，就只是練習它。這樣的運用方法就會變活。方法變活，功能才得以發揮。

公案疑情

話頭的方法，其實看起來都很簡單：「念」話頭，念到統一了；「問」話頭，問到疑情來了，就「參」話頭，念到有疑團了，然後破參。「看」話頭與「念」話頭大致上有相同的地方；我們念的時候用意念在念，看的時候用心眼在看，破參以後，見性了，有了體驗後就要繼續保任這個工夫。也就是讓止或者定的力量，能夠維持，然後讓自己見性開悟的體驗，慢慢地通過定再加深，這就是看話頭了。

中國禪法一般都是用一個話頭，也有時候用到破參了，老師會告訴學生再用另一個話頭。但是中國禪堂裡大部分都是一個話頭一直在用，看用到什麼程度，是「念」、「問」、「參」或者「看」的程度。同一個話頭在用，也有不同程度的工夫。

到了近代，把這個次第講得比較清楚的是聖嚴師父，他把話頭的方法分成四個步驟：念話頭、問話頭、參話頭、看話頭。很多人一開始有了話頭，就要去問話頭，甚至認為自己是在參話頭了。如果是用這個方法的話，心還沒有安定，也沒有統一，在「問」的時候，妄念很容易就會跟著出來；或者是猛力去參的時候，很多潛藏著的妄念就被攪動而跑出來。在這過程裡，工夫跟妄念是一起在做，一起在流動；所以很多人在用方法時，會有一大堆的答案跑出來，實際上這些答案都是妄念！當我們真正見到本來面目的時候，是不能用任何別人留下的語言來傳達，而是自己本身的體驗，見到了很自然就懂得怎樣把它講出來；是在無念中、無形中自然流露出來的。因此，如果還在那邊有妄念在告訴你，這個是答案、那個是答案，那都是別人的。

一般較常用的話頭是「父母未生前的本來面目」，我們參禪的目的就是要見到這個本來面目。有些人他會直接參「本來面目是誰？」，至於「父母未生前」的意思，好比說「一念不生」那個本來面目是誰？所謂的「一念不生」，可能我們也不太了解，所以就說成「父母未生前」，即父母還沒有生你以前，又是什麼呢？那個本來面目是誰？其實這就是參我們的本性是誰？

話頭裡的公案，源自於一位香嚴智閑禪師，是百丈禪師的弟子。他開始也有參禪，聽說還是個非常聰明的人，只要別人一講文藝知識他都懂，經典也看了很多。這位禪師在他師父圓寂以後，去親近一位師兄溈山靈祐禪師為老師，那師兄就說：「嗯！聽說你文藝知識、經論學了不少，那我就問你一個問題：『父母未生前的本來面目是什麼？』」就這樣的一問，這位禪師從來沒聽過，也從來沒有想過，所以他就開始找經典、找祖師的公案，可是不管怎麼找都找不到答案，最後只好又回去找他的老師，希望得到答案，但是老師說：「我講的就不是你的。」意思就是說：「講給你聽沒有問題，『我的本來面目是誰？是什麼？』都可以講給你聽，但是這些跟你有什麼關係呢？」最後這位禪師想說沒辦法了，決定以後不要再做學問了，因為做學問也找不到答案，所以他就去雲遊了。他在雲遊的時候，被人稱為「粥飯僧」，意思就是好像我們早餐吃粥、午餐吃飯，每天就吃飽睡，睡飽吃，每天就做這些事。他後來到了另一個已經圓寂的南陽慧忠國師禪師的道場，那地方有一點荒廢了，他就留下來。有一次他在打掃的時候，打到瓦片彈起來打到了竹子，想不到他就這樣開悟了！那時候他就慶幸之前的老師沒有跟他說出答案，否則就沒有悟道的這一天。

從這個公案裡出來的話頭，就是「父母未生前的本來面目」，而這個公案傳達一個很重要的訊息就是：老師跟你講的，是老師的；經典跟你講的也是經典的，只有自己去參，參破了，那才是你的！所以每個人都必須自己去用功，沒有人可以代替我們。

禪宗公案是話頭寶庫

當方法有了，話頭也有了，那就是自己要去用功了。我們知道在中國佛教裡有很多公案，尤其是禪宗的典籍裡，當然也有一些人會特別收集。有一些公案是比較簡短的，有一些則是我們現在常看到的禪師故事或類似的傳記。很多是從禪宗公案裡，把幾個可能是同一個禪師的幾個公案，收集在一起，我們看了以後也覺得很開心，因為這些禪師都非常活潑，有些非常可愛，有些是非常認真、嚴肅，也有些很調皮。

後來就有一些人拿這些公案來參，因為這些公案裡，有時包含了老師跟弟子之間的對話，對話裡可能含有一些禪機，或者是一些開悟的過程。我們參禪就是要了解為什麼參一句話會讓人開悟，為什麼要用公案做為一個方法。但是我們現在看到很多談公案的書，都是在解釋內容，或是把它編成一個故事，讓我們看起來覺得很有趣，然後就開始想要參禪了。

有的人在參禪時就拿這些公案來用，因為很多公案都有解釋、有說明，所以他也在那邊想：「狗子無佛性。」人家問：「狗子有佛性無？」「無！」然後他就一直在想：「為什麼狗子無佛性？大乘佛教講有佛性啊，為什麼趙州禪師講無佛性？這個『無』到底什麼意思呢？是不是空啊？可能這個『無』的意思就是『有』，『有』的意思就是『無』，很多人不是說『有就無，無就有』嗎？」這些人就在那邊一直想很多，然後也變成是在參公案，想了很多這些意思，要去解釋它、要讓它合理化。但實際上的公案或者話頭裡的這些禪師，很多都是不合理、很無理的，也可以說是沒有邏輯的，邏輯不能解決問題啊！這就像是我們思考了很多，跟人家辯論辯贏了又怎麼樣？這些公案都超越邏輯，是非邏輯思考模式的。

很多公案都沒有邏輯：「狗子有佛性無？」「無！」實際上，如果我們用公案的方法，它是一個方法，而這個方法就是要幫助我們引生出疑情。疑情就像剛才我們提到「父母未生前的本來面目是誰？是什麼？」話頭一丟出來，自己就要去參，要去問。

我們發覺很多禪師，老師丟一個公案給他，就能夠卷進去了，因為很多禪師都有滿好的基本工夫，有些是在禪堂或是叢林裡勞作的出家眾，他們刻意從事勞作，就好像我們很多外護，特地來當義工。他們也在參禪，如果身心統一的話，挑水運柴的時候，說不定就開悟了！叢林裡還滿多這樣的事發生，即開悟不在禪堂裡發生。

甚至有時候，有的老師為了要印證他的弟子或這些禪眾，看誰的工夫用得比較好，會介紹他們到別的寺院去。曾經有一個行腳的頭陀，他發現一座好山，就建了道場。由於他本身是雲遊僧，便到一個叢林去找一位禪師，告訴他有經過一座山真的很好，問禪師那邊有沒有比較優秀的人才，想要介紹他過去當住持。那位方丈住持就說他自己去看看，但頭陀回說不行，因為那道場不大。住持就找他的弟子，結果被選中的是一個在後面煮飯的。因為那些當家、首座都沒有這個程度，最後是那個煮飯的去。這就說明了很多臥虎藏龍的人，都躲在寺廟的某個角落，這些人都在默默用功。

我們在看這些公案的時候，當然覺得滿有趣的，但是這個公案要傳達我們一些訊息，把公案當作方法的時候，其實就是在借用這個訊息。我們不要去猜它、想它。有時候在讀公案時，如果對於裡面兩個人在對話，有種很親切的感覺，就表示你跟這個公案有相應的地方。

實際上，很多公案是後期才出現的，雖然公案的主角是較早期的人物，但是這個公案可能是後期才編出來的，仍然有它的境界在。我們知道六祖也有過一個話頭，那時是給惠明的。六祖那時還沒有出家，拿了衣缽就走了。惠明是一個將軍，跑得比較快，追上了六祖，說他現在要來求法，六祖就說：「好啊，你要來求法嘛！不思善、不思惡的時候，哪個是你的本來面目？」也就是說我們的心一念不生，沒有分別的時候是怎麼一回事？結果惠明就悟了！

因此，六祖惠能在度惠明的過程，也可以變成一個話頭、一個公案，而這一句話就變成今天我們拿來當話頭的方法，讓我們可以用這個來參。我們也知道當時慧可找達摩祖師，因為心不安，請師父幫他安心；師父說：「好，沒問題，拿你的心來！」慧可馬上一回頭看，那心在哪裡？找不到啊！既然無心的話，還有什麼不安的？有一個心才要去安它，現在連心都沒有了，還安什麼呢？慧可當下就悟了，覓心不可得！

這些過程都非常有趣，怎麼一句話就讓人覺悟、開悟了！這些都可以變成是公案來參。一些後期的參禪方式是用整個公案來參，有些則是從公案裡找比較關鍵的句子，做為話頭來參。所有的這些方法，我們之前都談過了，都是在幫助我們激發疑情。但是這個疑情要通過修行才會生起來的，它可能只是一個疑問。就好像這個道理我們不懂，所以有一個問題問它，這就是一個疑問。也就是說問一個道理，然後就解釋這個道理。

舉個例子，佛法裡有很多名相，《心經》云：「色即是空，空即是色。」這個「色」是什麼意思呢？「色即是空」是什麼意思呢？這就是一個疑問。一般我們的老師就會解釋：「色」就是指四大。四大是什麼意思？為什麼說四大是空？實際上不只四大是空，《心經》還說「照見五蘊皆空」，經過老師說明了道理，我們才知道原來佛法講空、緣起。那麼「空」對我們有用嗎？是有點用處的。有時候心煩躁或煩惱生起時，可以觀空；通過思惟、吸收，然後把它運用到生活裡，這些都是我們通過疑問所問出來的。我們也可以進一步通過觀想的方法，分析四大、五蘊、十二處、十八界等，一切法都空、無常、無我。這些道理比較明白了，在觀想的過程裡，我們慢慢也體會了，然後通過應用這個理，我們對它有所領悟。但是在用話頭時，卻不是這樣的一回事。話頭要問的這個疑情，並不是這一類的疑問。它是屬於我們自己本身對生命的一個疑問。

超佛越祖

我們每一個人大概都會思考一個問題：「生從何來，死往何去？」無論是身體的生、老、病、死，或是痠痛、麻痹，都會讓心產生煩惱，我們的生命也可以說是由很多妄念組合而成。生命有意義嗎？我們每天吃飽睡、睡飽吃，為社會做出貢獻了嗎？生命就是這樣的一回事嗎？一口氣上不來的時候，死了又到哪裡去？生的時候什麼都沒有帶來，死了也什麼都帶不走，這樣來來去去有什麼意思呢？

這些都是我們對生命的疑情，必須要從心裡生出來。我們參禪並不是在追逐外在的道理或意義，而是通過話頭或公案把我們的疑情挖出來。所以在用方法時，是真正要往內心裡去知道，那是怎麼一回事？生死是怎麼一回事？這個生命怎麼會這樣呢？這個生命一念不生的時候，它本來是怎樣的一回事？怎麼會變成現在的這個樣子？我們就是要去了解、要去知道、要去見到那一念不生的本來面目是什麼。

生命是一個組合體，我們知道它本性是空，本來面目實際上就是空，但是我現在知道這個空是一個疑問。我問了以後，別人用一套道理講給我聽，我並沒有見到，那不是真的知道，因為都是別人告訴我的，就算是佛告訴我的，跟我又有什麼關係？要自己見到才是啊！

中國禪師修行修到最後要「超佛」，即超越佛。因為佛講的是佛的事，不關我事，所以一定要超越他，要自己見到。很多時候我們會發現自己學的方法，都是老師、祖師所教，他們也只是教我們方法罷了，無法讓我們開悟；或者是他們所講的，還是他們自己的，這就像前面那個香嚴智閑禪師公案所提及的，老師講的還是老師的！所以這也是要「超佛」的原因。

除了超佛，還要「越祖」，因為我們的解脫也不是祖師能給的，而是自己要修的。換言之，就是所有開悟的體驗、見到本性、空性，是沒有任何一個人可以給我們的。佛告訴我們的修行方法和道理，是他親身的經驗，佛非常慈悲地苦口婆心把法傳下來；而我們的祖師也是一樣，老師之所以對弟子又打、又罵、又踢，所做的種種就是要弟子見到本性，這些都非常了不起！即使如此，再了不起，他還是他，我還是我，所以還是要自己用功、自己去參。

所以我們必須自己用功。我們知道有一個很明確的方向、目標，就朝這個方向去。老師告訴我們只有一條路，剩下的自己要走。佛或老師都不是神仙，我們無法因為他們指了路以後，順著就到了，所以還是要自己走。

我們學會了這些方法，很關鍵的就是，如果沒有產生疑情，內心裡沒有想要知道的話，這個方法就用不上去了！也就是怎麼參，也參不出一個所以然，因為沒有想要知道，所以方法就用不上去。

對生命產生疑情

儘管是參明白了、見到佛性了，日子還是要照常地過。開悟的人也是每天要吃飯、睡覺。曾有一些人問開悟的大珠慧海禪師，他到了什麼境界，禪師說：「開悟就是肚子餓的時候吃飯、睏的時候睡覺……。」有一位禪師有一天去巡寮，看到一位學生在那邊睡覺，他看到了老師還是繼續睡。禪師再走過去看到另一個學生在用功打坐。但是這個禪師卻說打坐的沒在用功，睡覺的那位才用功，

其實很多同學都沒在用功，因為大多數都只是坐在那邊而已，只有幾個在那邊用功，而在用功的是因為他睏了，所以他睡覺，他在用功；而在那邊打坐的，沒有用功，因為那不是打坐的時間，為什麼打坐呢？都這麼疲累了，還不睡覺，還在打坐！

開悟了，見性了，還是要吃飯、睡覺，那你想說：「我不開悟、不見性，也是會吃飯、睡覺，這有什麼不同的地方呢？」那你必須知道，當我們吃飯的時候，是真的在吃飯嗎？睡覺的時候，是真的在睡覺嗎？很多人睡覺的時候做很多夢，講很

多夢話；一些同學卻在睡覺的時候，聽人家的夢話，然後說某某同學害他睡不著，所以我常說，實際上是因為你要聽夢話，所以那個同學就講夢話給你聽啊！不然你在那邊醒著也沒事做，那個同學知道了，就講點夢話啊，這就表示我們其實並沒有真正在睡覺。

至於吃飯，我們又真正在吃飯嗎？每天鈴響了，心裡在想今天不知道煮什麼菜。去到齋堂，今天煮的三樣菜都是我討厭的，這一餐怎麼吃得下呢？相反地，如果今天三樣都是我喜歡吃的，就連吃三、四碗飯，看到別人也喜歡吃，心裡就為被搶飯吃感到著急，像這樣吃飯在起貪念，這是真正在吃飯嗎？

有些人會認為自己這樣也是過日子啊！如果這麼認為的話，參不參禪也沒有關係了。一些人每天渾渾噩噩的，或者是每天很積極地過日子，比如一些人非常積極去工作賺錢，然後多做好事，做很多的布施，不但很出名，也活得很開心，這就很積極。另一些人就是混日子，一天混一天，就好像有些同學也是這麼混日子。到第五天了，都過一半了，有些人還說：「五天啦？我都不知道！」連自己有沒有在混都不知道，已經混過這麼多天了！

如果只是這樣子的話，日子照樣在過，卻不覺得有什麼不對；但是如果心裡想：天天這樣過日子也不行，它一定有什麼在裡面的，那我們就一定會想要知道，到底是怎麼一回事？這樣我們參禪才有用。因此參禪，尤其是用話頭或用公案的方法，是要參出疑情。它不是在幫我們找答案，而是把內心的這一份疑情參出來。我們借用一個話頭，參出疑情，然後一直往內去找，不斷地要把這疑情給打破，然後見到本來面目！

這就是我們生命的疑情：每天這樣過日子，不知道從哪裡來，也不知道要到哪裡去，每天看起來好像過了一點有意義的日子；就好比大家來參加禪十課程，前後是十一天，但是中間坐的時間是九天。第一天封堂，而最後一天就解十了。或者是去打了一個禪七，覺得自己今年過得很有意義。雖然打了一個禪七，但每天還是照樣這樣過日子。來參加一個課程後，覺得自己做了一件很有意義的事情，再來每天去做一份工，覺得這一份工很有意義，對社會貢獻很大。做了這麼多，可能有一天，我們發現其實這個社會好像不是很需要我們，那時就會感到很失落。這就好像一些領導人會賴著不走，因為認為自己為人民做了很多貢獻，大家多麼需要自己。

可是最後卻發現，其實沒有他，人家日子也是過得很開心的。所以他會很失落，繼續拚死拚活都要霸占住那個位子。

實際上很多人都是這樣的，認為自己做了很多很有意義的事情，可是忽然間發現好像也沒有什麼意義。父母犧牲自己的一切把孩子養大，孩子的羽毛一豐滿就飛走了，不回家來。這時父母也會感覺沒有什麼意義，感嘆孩子飛出去以前，父母都在照顧他、呵護他，寶貝得不得了，覺得自己做了很多很有意義的事情，但是孩子一長大就跑掉了，這個媽媽的角色就沒意思了；雖然還是被叫「媽媽」，但是媽媽的工作、責任都被拿掉了。所以有些媽媽，當孩子一出去就很失落，在家裡天天等孩子回來；孩子去到哪就跟到哪，這叫作「會跟媽媽」，她們的日子很難過，發現自己忽然間生活沒有意義了；當然孩子也不是不要她們，只是孩子長大了，有他自己的家庭和意義。

孩子出去後，很多父母就坐在那邊「相看兩不厭」，兩個老人家不知道做什麼好。所以有時候我會勸同學說，一定要培養一個嗜好，至少喝喝茶、下個象棋，或者做一些什麼的，不然日子怎麼過呢？孩子離開了到國外去，要見他一次需坐二十小時飛機，然後去到那邊又不能待太久。見面就是想要跟孩子講幾句話，他卻天天忙著去上班，只好又坐二十個小時的飛機回來。

因此，我們平時做的很多事，當你追根究柢多問幾個為什麼：「為什麼要吃飯？」「肚子餓。」「為什麼肚子餓？」「沒吃飯！」「為什麼要吃飯？」「肚子餓！」「為什麼肚子餓？」「沒吃飯！」……，我們慢慢就會發覺，到底是怎麼一回事。可能有一些人在很小的時候，就在思考這個問題了，每一次問媽媽他從哪裡來，媽媽都說垃圾桶撿來的。

所以我們是不是真的想要知道生命是怎麼一回事呢？當有了這個疑情，那麼話頭一用，參禪它就有用。如果自己內心裡面沒疑情的話，不能從外面找答案，不能通過理論或別人告訴我們的東西去理解，不能通過某些外在的東西去理解生命的意義。就好像父母在孩子出世時，無條件地奉獻，等他離開的時候，自己的意義也跟著他跑掉了，所以我們不能把意義建立在外在的部分。疑情如果不是從內心出來的話，它沒有力量。所以當對生命完全沒有疑情的話，你來參禪參什麼呢？它也參不出的。所以我們在問話頭的過程中，疑情在內心裡慢慢地被參出來，它才會凝成一個疑團。你有這樣的一個力量在那邊，有一個想要知道、想要見到的力量。想要知道、想要見到的，絕對不是外在的，一定是在心裡的，而且跟我是生死之交，跟我的心是緊緊結合在一起的，完全不能分開，沒有任何外在答案可以回答它——佛、祖師的話也不準，只有我自己看到才準！因為它是我心裡的，不是外在的。

向內找答案

當我們有這樣一種想要見到、想要知道的力量，往心裡去看的時候，所有的回答、問答、造的業形成的這些潛伏性的妄念，包括佛、祖師講的、熏習的東西，沒有一個是我們要的。通過這個方法，然後去見到，動力一定是要自己本身從內心生起來的才有用。

如果我們對生命沒有什麼想要知道，對生命的意義沒有想要去見到或者是了解，沒有想要見到自己的本來面目，那我們在參這些話頭的時候，是沒有力量的。很多時候我們只是不斷地在外面追逐，可能找幾個答案滿足一下。但實際上每個人內心裡，是有疑情的，只是因為外在的東西太多，遮蓋了我們。我們小時候也會問：「生從何來？死往何去？」或者是有時候我們坐在那邊，忽然間有一個念頭，納悶生命到底是怎麼一回事？自己突然間好像對自己很陌生、不能了解，甚至有時候照鏡子一看：「是誰啊？」鏡子裡的人好像認識又好像不認識。

洞山禪師走過河邊時，一看到水中倒影就開悟了，他也是長年不斷地在參，然後才開悟的。所以我們談這個參禪，它有這樣的一個內在條件。當然大家也可以每年來打坐一下，也是滿有意義的。但是如果真正要參禪，參到最後它會非常猛，「猛」是因為進入到我們的內心，要把這個本來的面目看個清楚，或者是要真正見到這個根本，所以這個力量就很猛，因為我們真的想知道。我們對生命的疑情，如果能夠有力量，那在參禪的時候，這個力量就容易發揮出來。

真正要參的是生命的疑情，這個非常重要。我們小時候可能偶爾會有這樣的念頭出來。可能有一些人有了這個念頭，就想要知道，可是因為功課而忙起來，忙完了功課就忙工作，忙完了工作忙家庭，到最後就忘記了這一回事！等到差不多要走的時候，忽然間發現自己幾歲前想的這個問題，到現在還沒有答案，還不知道怎麼一回事，可是人生就到盡頭了，那就只好等來世。可是來世又不知道要到哪裡去？也不知道有沒有機會再參？一世一世這樣子過，我們的疑情都會被一世一世遮蓋住。所以為什麼我們在參話頭，進入到這個狀況的時候，一挖出來要有那個力量，因為要剝開太多層了！需要一層一層把它剖開，才能夠進去。所以要很猛、很有力量，疑情才能夠一直往內，然後才能夠參破。

我們在用功的時候，有時候要反省一下，自己對這一生或者是這個生命，有沒有什麼想要知道的？有沒有想要探索它的意義的？如果有的話，那麼參禪對我們的幫助就很大了。如果沒有的話，也可以只是來打打坐，調調身心。因為打坐其實有很多不同的層次，調調身心，身體健康，吃飯吃得多，睡覺睡得好，也是一件很快樂的事。遇到問題的時候，有點定力可以解決這個問題，也是不錯的。有時候跟人家講幾句話還能夠聊一點佛法，或者是用佛法舒解一下心裡的鬱悶也還是不錯的。但是真正要開悟、要破參、要見到本來面目，這個力量一定要有。

讓心去悟

我們來打禪就是要來開悟的，如果大家都沒有信心的話，那來這裡幹什麼呢？所謂參話頭的「參」就是要開悟！我們有時候雖然說只要來用功就好了，因為用功的次第和層次都不一樣；大部分的人可能只想要調身體，把身體放鬆一點，或者是來這邊睡幾天，補充一下體力，這就是我們說的充電後再回去。

打坐有很多的功能，像是紓解心理和生理的壓力。有些同學心裡有很多煩惱，可能最近生活上遇到些事壓力很大，所以來這邊睡幾天，或者是來這邊喊幾下，就可以把一些壓力疏解了。有些人來打坐就是為了坐在那邊入定，什麼方法都只是為了入定，一直鑽進去就什麼都忘了。這可能有某種程度的定，也可能滿深的；他們就住在裡面，不肯出來了。也有些人是為了坐在那邊思惟法義：「佛法真好！這個緣起、無常、無我不錯……。」把讀到的佛經拿來思惟、整理，因為打坐可以讓思惟變得比較靈敏。這些都是打坐的一些功能。

禪修的通力

甚至有一些同學打坐以後，會進入另外一個空間。我們的心靈實際上有不同層次的空間，不同次元的空間，進去了以後，看到一些人家看不到的東西，搞不好還可以跟不同次元空間的眾生聊天，滿有意思的。

我們這個地方有很多不同次元空間的眾生，可以進到那個空間，確實可以跟他們聊天，這些都是我們所謂的「通」。有些「通」比較深，有些比較淺。有些「通」就是我們心靈的空間次元可能增加了一些，可以看到一些平時看不到的東西、聽到平時聽不到的聲音、嗅到平時嗅不到的味道。

有一些只是因為我們的眼根、耳根、鼻根，打坐的時候比較靈敏，可以接觸到，那都是定的作用。心止了，身根完全放鬆，觸覺、聽覺、視覺會比較敏感，所以會看到一些平時看不到或聽不到的。

實際上一般人所能夠看到、聽到的是有一個固定的範圍，但是打坐了以後，心識或者根的作用，會突破一些界限，就會到另一邊去，這時候所看到、聽到的都會覺得很真實，因為是真的看到、真的聽到。所以有一些人真的有這樣子的狀況、境界，有一些則是可以跟不同次元空間的眾生溝通、交流。打坐也會有的，有一些會產生一種比較強的能量、力量。有了這個定的力量，我們可能可以做一些平時做不到的事。這些都是修禪定會有的一些狀況，也算是個利益，功能或能力。

打坐的過程裡，可能遇到這些狀態，有些人會覺得很好，一旦有這種感覺，很可能會停在那邊，或者是很喜歡到那個地方去。所以有一些同學坐久了以後，就停在這個層次，不管怎麼坐就是在那邊，可能在那個層次他感覺到很受用，對他有幫助，所以他就停在那邊。

也有一種狀態就是，我們有時會追求所謂的「通」的能力，這些在禪修的領域裡實際上都有，大部分都跟定力、禪定的工夫有關，如果更深的話，就真正進入到比較深的「定」。所謂比較深的定在佛教就把它分成「四禪八定」；欲界的眾生如果心修得最細的時候，就是到了未到地定；再上去的話，就進入到色界的定、無色界的定，四禪八定。當進入到這些定的時候，身心就會有很大的調整，所以就會產生「通」的狀態。

所謂的「通」，就是本來「不通」的，現在「通」了。就好像我們打坐有時會遇到氣不通，它就動了，然後通了，也就是之前做不到的，現在做到了就通。

實際上，我們心的完整功能，是沒有局限的，但是我們造業了以後，因為業招感到這個色身，它就會局限我們五根的功能。比如說人的眼睛能夠看到的是有限的，但是有些動物的眼睛，看得比我們遠很多，這就是不共業了。我們的業導致我們只能夠達到這樣的一個空間而已。一些動物同樣是這個眼根的結構，卻可以看得那麼遠，這就表示有一些東西是有局限的，它在某一種色法裡產生這個作用，如果能夠突破這個局限，它就可以看得更遠。晚上很黑暗的時候我們一般都看不到，可是有一些動物晚上卻看得到。要像這些動物看得到的話，我們用科學的儀器來調整它。但是也有一些人如果工夫做得好，同樣也可以突破這個局限，也可以看得到。

換言之，這就表示，欲界的眾生裡，比如動物或鬼神之類的，同樣是欲界色身的那個生理結構可以有這樣的功能，而我們同樣是欲界的眾生，也應該有這功能，可是為什麼沒有呢？因為被我們的身體局限了，如果能夠通過方法突破，可能就可以看到或聽到更多了。

有一些聲音，動物聽得到，但我們聽不到，通過禪修能讓我們的色身起變化，就可以聽到了。基本上這是合理的，也就是說如果有適當的方法，我們是可以做得到的。實際上修定、修通或是得到這些神通，或得到某一些能量的運作，是有特定的方法的，可以找到老師教。外面有很多不同的禪修方法，可以告訴我們如何產生某種能量，有些還可以用來幫助人家治病，有人稱此為「特異功能」，也就是平常的人做不到的，這些人修了可以做得到。有一些人練氣功是真的可以感覺到有一股勁，這股勁一使上來，可能比他胖的人想推他還推不開，或者他一發勁可以把這個人推出幾十尺那麼遠，他有這個能量就因為懂得發這個勁。

具備正知見

某種程度上，我們的身心其實是有很多功能，但是受到局限就沒辦法突破，所以我們用一些方法把這個局限打破，就可以越出這個範圍，這些所謂「通」之類的力量就會發揮出來。在佛法的修行裡，能夠做到這些也不錯，表示有用上一些工夫。有一些人特別喜歡，就去學氣功或禪定，希望能得到這個「通」，還可以發揮某些比較大的力量。如果我們有了這個力量，也就是說我們的力量比別人大，那麼我們要怎麼用它？

這力量就好比是大人的力氣跟小孩比較，一定是大人的力量較大。重要的是我們應該怎麼用這力氣，與小孩互動？還是用來欺負、打或揍他？當然也可以用來保護他。如果有慈悲心，就會照顧、保護和幫助他；反之如果沒有慈悲心，有的是瞋心或惡念，就會虐待、欺負，甚至傷害他！這也是佛陀告訴我們先不要有這個力量的原因，而應該先具備智慧與慈悲，因為這樣的話，有了這個力量，它才會是正面的，而不是負面的。換言之，在佛法的修行上，這些都變成不重要，是次要的東西；當然也不完全不重要，而是要懂得如何善用它。當我們還沒有這個力量之前，應該具備正確的觀念，正面的智慧與慈悲，這樣這種力量才會很正面地被發揮出來。

在我們成長的過程中，如果從小沒有受過良好的道德教育、道德觀念的話，長大或有力量以後，就會做出很多傷害與破壞的事情。一個爬得愈高愈有權力的人，如果沒有正知見、沒有智慧的話，對這個社會與國家的傷害就愈大。這些人有力量能夠爬得那麼高，不一定表示他有正見、智慧、道德，所以佛法告訴我們一定要先有正知見！有時候一些老師常常會被提醒在教書的時候，應該先讓學生建立正確的觀念，不然的話，學生愈聰明，以後長大也會利用他的聰明做壞事。所以我們一定要讓學生知道，他只能夠成為社會的資產，不能成為社會的負擔。也就是說他以後長大了，對社會應該要有貢獻而不是負擔，社會一旦太多負擔，很容易衰敗。

我們現在社會的負擔很重，因為年輕人從小到大被灌輸，只要考試考好就可以了。老師也忙著讓學生考到好成績，沒有時間去灌輸正確的道德觀念。所以孩子長大後，除了考得好成績以外，他們完全不知道自己要做什麼！尤其是當他有這個力量時，到底能夠為社會、人群做什麼？這些都是我們社會問題的根源。

佛陀告訴我們修得這個「通」，就一定先有正見，有了智慧與慈悲，我們的力量才能夠正面地發揮出來。修定修得稍微好一點都會有力量，但這個力量怎麼去用，那才是最重要的。我們來禪修是為了什麼呢？就是為了要開悟！悟了以後就會有正知見。悟到了，明白了，如果有力量的話，這些力量就一定是正面的力量！

中國禪師就把所有修了會有什麼特異功能、通或特殊力量的方法都把它先拋開，甚至連那些聰明才智、很會思惟、懂很多道理等，他們都認為不是那麼重要。儘管這些是幫助我們建立正見，但是如果把所有的精力都用在這方面，還是不夠的，重要的是我們一定要能悟，所以禪宗特別強調「開悟」！

開悟靠自己

「開悟」就是把我們的心打開。當我們悟到了，就會發現到原來我們的心本來是清淨的！這顆心一切具足，本來清淨，所有我們看到比較負面的事，實際上都是自己造作出來的。所以「悟」非常重要，無論用的是什麼方法，不外乎都是要幫助我們達到這個「悟」。比較正規修止觀的，很多時候也能得到某種程度的定，止了以後能夠安住，有時候心也能夠進入到某種程度或滿深的定，感覺也很法喜，但這個不是禪宗要的東西！

我們打坐以後可能會不斷地思惟法義，思惟法義確實可以理解和貫通義理，甚至整理成文章，然而這在禪修不是重要的事。因為你這樣做，就好像很多學者都在做著這些考據之類的那樣，可是你整理得再多，寫得再多，整理出來的都是別人的！這都只是你通過思惟消化後，轉化為自己的而已，內容都還是別人的！這就是我們所講，禪師他要超佛越祖——即使佛講的又如何？我要超越他！祖師講的又怎麼樣？要超越他！而這個「超越」的意思當然不是說佛講的很差，我比他好，祖師的意思是所有的一切，別人講的都要懂得適當地吸收，最後自己要悟，而不是完全照著佛陀和祖師所言。所以我們要超佛越祖，意思是即使是佛經告訴我們再好的道理，都要自己本身去悟，不然都還是佛的。

就如我常常提醒大家念經的時候，並不是念給佛聽的。經文是對內而不是對外的，所以我們在念經的時候，不是大聲念給佛聽，而是要念到自己的心裡，而且念了以後還要記住，還要去悟。

禪宗的修行就是要把這些都暫時放在一邊，但並不是說這些東西不重要，而是修行所要得到的受用，最重要的是開悟。開悟了以後再學這些東西，然後用它做為幫助別人或是度化眾生的技巧。所以悟了以後，你有神通就可以幫助別人；有了正確的知見，悟了以後就有了力量，就懂得怎樣去照顧別人、怎麼去愛護別人、怎麼去保護眾生度一切苦厄，這個才是禪修最重要的目標，就是要開悟！所有的這些方便、善巧，都是為了幫助我們得到這個最重要的、完成這個最重要的這一回事。禪師在修行的時候，很多這些不是很重要的東西，全部都先被排除了。

例如參「父母未生前本來面目」的香嚴智閑禪師，他在文藝知識上都很聰明，只要一聽聞就懂了；他的老師也是師兄靈祐禪師，只丟一個話頭讓他去參，最後他悟了。他在這個過程裡，發現原來自己讀那麼多書，沒有一本或一句話是可以幫他解決問題，讓他知道父母未生前的本來面目是什麼，所以他只有靠自己去悟。他的老師也跟他說：「我講給你聽的，就不是你的，一定要你自己去悟，把自己的心打開，清清楚楚地看到自己的心。」

事理圓融無礙

我們的心就是佛心，但是卻沒有看到與悟到，所以我們要的就是「悟」！思惟是有用的，例如佛說一切眾生本來就具足如來智慧德相，但因我們的妄想執著而不能證得，也就說我們是有佛性的，因為「皆有如來智慧德相」啊！當我們思惟、分析，為什麼會說我們都有佛性呢？佛性是什麼呢？我們就會明白道理。

「佛」就是「覺」的意思，所以「佛性」就是「覺性」，就是指我們的心裡有一種「覺」的能力，這個「覺」就是要覺悟法性。法性是什麼呢？就是空性！所以我們見佛性就是見空性，而見空性就是見佛性，然而怎麼見到空性呢？見緣起就是見空性，見緣起就是見法，見法就是見佛，所有的一切都是因緣和合的。所以這些相都是虛妄的，「凡所有相，皆是虛妄，若見諸相非相，即見如來……」。我們就一直在想很多經典，然後很仔細地思惟法義——「因緣和合」、「無常」、「無我」……，都明白這些道理，但是還不算悟！「悟」就是見到！

讀書人有思惟的能力，在思惟的過程中能夠消化、吸收，這些都是屬於觀想的作用。觀了以後有智慧，但是我們通過觀想的方法，還要去「證」，也就是「事」和「理」；見到了「事」，見到了「理」，事理無礙，這個無礙就是要去「證」，要去「見」的。我們平常多數是在「事」相上知道一些東西。我們也可以用在理論上、思惟上把它貫通起來。我們見一切法因緣和合，就認為這個法則我們知道，因為因緣和合，所以它是無常、無我的。

往往我們一回到現實生活的時候，不是被「事」綁住，就是被「理」綁住了；有些人會偏重「事」，所以做事都是一板一眼，以為佛法講的道理，守戒什麼的都是要一板一眼的。

有些則偏於「理」，說：「理都是空了，就是什麼戒都沒有了，因為戒也是空的，因緣和合，佛陀開始也沒有制戒，是後來才制的，所以不用守它，反正我要做什麼就做什麼，因為我空了！我證到自性了！那就什麼事都可以做啦！我殺人又怎麼樣？反正這個人遲早都是要死的嘛！我殺掉他也沒什麼不對啊！我空他也空嘛！殺的人空，被殺的人也空，能空、所空，都空了，那沒事了！」做了壞事被警員逮到，也可以說：「我不是今天的我，今天的我不是明天的我，這樣就可以不用被關進監牢了，昨天的我不是今天的我，殺人的我已經是過去的了，今天沒有殺人，那我就沒事；我殺人的時候被你捉到，那個沒辦法了，可是一天過了……。」這些就是偏理的人會玩的遊戲。有些人一講到戒律就說：「哪有什麼戒律，禪師開悟，一切都空了，還有什麼戒律……。」就是偏「理」的什麼都說空，就會出這種問題，什麼都可以亂來了。

偏於「事」相的話就是：「哎呀！昨天踩死了一隻螞蟻，這個罪太重了！殺生咧！我持不殺生戒的，要趕快懺悔，佛不現瑞相就不算懺悔。」於是每天拜佛、拜懺。這種方式不會累死嗎？很多學佛的人會學到這樣子，感覺學佛很累、很緊，動一個念頭就會如臨大敵：「哎呀！慘了！我動了這個念頭，我生氣他！我要殺他！死了……。」有些人學了佛，就變成這個怪怪的樣子，一板一眼地，什麼都不敢做，以保持正襟危坐，眼觀鼻，鼻觀心。

我們要知道，「見到」、「悟到」不是這樣的。「理」和「事」要能夠融會貫通，「無礙」也就是從「理」上知道是空，但是從「事」相上知道其存在，是因緣和合的這個不空。你要有足夠的智慧去貫通，讓它運用在日常生活中。事相應該是因緣和合的運作，那麼我們把它守好，在做這些事的時候，心不會因為事相是這樣而被它約束、擋住了。心可以從事相裡超越出來，超然事相，可是又不違背事相，這就是悟到了才能夠這樣。

當我們在做的時候，「事」和「理」是圓融無礙的。在現實生活中，我們也是要符合這個現實生活，所有應該與不應該做的事都清清楚楚，但是在運作事的過程裡，心是不會被它綁住的，因為知道它的本質也是空的。

但是所謂的本質空與本性空，事相還是有的，所以就要照這個事相去運行；但是在過程中，心因為能夠明白「空」，見到「空」，所以不會被它綁住，不會因為它而造業。

這過程就要靠悟與證，也就不只是思惟的過程，甚至不只是一種觀想了。在觀的過程裡能夠貫通，所以不只是一種思惟上、義理上的觀想，義理還要跟事相符。我們不但要見到「事相」無常、無我，也要真正見到「實相」的無常、無我，不是用意念去想像，而是用心去見到。我們開悟是把自己的心開起來，一旦心開了，一切事和理，本性和緣起空，都清清楚楚、明明白白地現在我們的眼前，清楚看到了，這就是「無」。

很多學習佛法的人，有的偏於「事」，有的偏於「理」，這些都會有問題。偏事的人，自己很辛苦，也有一些他會思惟，也能夠觀想，能夠把這些整理出來，都很不錯，但是卻少了「悟」！其實禪修最終的目標就是「悟」，所以要把思惟觀想的方法也拋開，那些所謂能夠入定的東西也拋開，就用默照、用話頭。

我們現在就是用話頭，可以用一個話頭把我們帶到心裡去，然後悟了、破了參。過程裡我們就是要對這個生命產生疑情，這樣它就可以幫助我們進入到內心，把它打開看看我們的本來面目是誰。而這個本來面目是別人不能幫我們看的，只有自己看得到。禪宗有一句話叫做「跟佛同一個鼻孔出氣」，呼吸跟佛的都是一樣的，但是要去悟的，就是悟到這個生命體是因緣和合的，本質是空的原理，而這個空卻通於其他眾生的本性。不過，當這個生命體因緣和合的時候，跟其他生命就不一樣了，它有自己本身的獨特性。

這個生命體是事，這是不能否定的，但是這個事是怎麼形成的呢？它是因緣和合的，所以心的本性是空，因緣和合了以後，所有的作用都顯現出來；現在我們就是要運用這樣的作用，去見到其本性，這個是要去悟的。

真正的開悟

我們發現大部分來禪修的人，會少了一點點的悟性。坐得不好的就沒有辦法了，腿痛煩惱，身體無處不痛！坐得好一點的就在那邊入定了，稍微好一點的可以觀想或思惟法義；有一些就參話頭或者是默照，但是就是少了那麼一點點的悟。如果沒有這個悟的過程，就沒辦法了。

禪宗就是要把這些東西全部都拋開，悟的時候稱作「頓悟」；用這個方法單刀直入，就是把所有修學佛法本來認為重要的過程全部把它拋開。這個過程裡，我們的思惟還要通過觀察現實，讓思想與身心能夠貫通。所以我們觀想到的義理不是一個理則而已，理則的運作就直接在我們的身心，在所有我們看到的一切中顯現出來。所有我們看到的，要直觀它當下就是空，而不是去思惟了以後才認為是空。

所以我們要止觀、靜觀，在觀察的時候，我們都知道「凡所有相皆是虛妄，若見諸相非相，即見如來」這句話。有時候我們也提醒大家在打坐的時候，見到什麼相都要用這一句話把它切掉，不然就會執著了。但是這一句話如果「見諸相非相」

直下見到它，見到諸相的時候就知道它非相，就知道它空，那是當下的。所以就是當見到一切相的同時，就知道它是空，心知道一切空的同時，見到一切相在因緣和合的法則下運作，這樣才是悟啊！

在過程裡，我們用各種方法幫助我們讓心去悟。我們用方法是為了要悟。所有的觀想與作用，如果不能夠幫助我們悟的話，那這些都暫時把它擺開。中國禪師了不起的地方就是他們能運用這個善巧，用最直接的方法讓人去悟，見到了佛性、空性。在修習的時候，我們只是直接進去，實際上在運作的過程中，我們還有很多以往造作的業、煩惱，種種妄念，並不是在那個過程中完全消除掉。所以我們見了以後，明白了，但是很多的問題不是沒有了，它還是存在。不過當我們見到空，悟到了以後，它的存在對我們而言，已不是很大的問題了，因為能夠接受它了。我們知道如果這件事會發生在自己的身上，那就是業，而這個業肯定是自己造的，不是別人加在我們身上的，這樣就能夠完全接受它了。

我們是用一顆清淨的心、空的心來接受。知道它有，然後接受它有，接受這個好或不好的事發生在自己身上，卻不會因為這個事不好而起煩惱，也不會因為事好就起染著心。所以心還是空的，但是所有的事發生都能夠完全接受它。

很多禪師悟了以後，他們還是一樣地生活，肚子餓了要吃飯，睏了要睡，跟我們平常好像一樣，但我們真的是肚子餓了就吃嗎？睏了才睡嗎？禪師也會跟著時間吃飯和睡覺，因為這是顯現出來的事相，他們就照著去做。但是在做這些事時，他們的心是空的，不會因為事而起種種妄念和煩惱。他們吃飯的時候就吃飯，睡覺的時候就睡覺，沒有別的妄念。

可是我們吃飯和睡覺時，都有很多妄念，而這些妄念就製造很多問題。這些悟的人所悟到的就是當下的空性，見到心的本性。我們大部分的人在修禪的過程裡，什麼方法都有，聞、思、修三慧、戒、定、慧三學、八正道都在用，但是我們就少了禪宗講的這個「悟」。我們很多還是落在思惟裡，然後用方法時，有時候會出現某種程度的「定」，有時候會有某種程度的「慧」，但就是沒有「悟」，這才是禪宗最重要的！

禪師在頓悟的時候，就是當下那一個剎那見到了，他沒有辦法用世間的任何語言文字來表達，即使他們用一些語言、詩句來表達，我們讀了以後能夠明白嗎？

就算能夠明白，也不見得就是那個悟境，所以我們就要自己來用功、開悟。禪師在傳承下去的時候，每一代開悟的禪師都沒有重複老師講過的話。悟的詩偈裡老師講過的，如果我們再來講，那都沒有用，就連佛陀用的句子都不要了，就是要超佛越祖！

悟了就是見到清清楚楚、明明白白。「悟」裡除了見到空性，還見到緣起。這個緣起是一個完整的緣起。如果是屬於自己生命的緣起，是完整的，所以當表達出來時是完全跟這個完整的緣起一致的，沒有師父或佛陀的那一套，因為這個完整的緣起是自己本身的，它是這個生命體在長期無始生死以來的過程中所組合的，跟佛與祖師都不一樣。

每個人在禪修的過程裡，所悟的就是見到自己的本性，自己心的本性，同時也見到自己這個生命體完整的緣起；這個完整的緣起幫助我們在面對任何問題的時候，都能夠接受它。心因為是證到過，所以在接受的同時，不會因為這樣而起煩惱。我們來禪修所用的方法，方便善巧滿多的，在這個過程裡，基本上大家都會有一些受用，但是最重要的是，這些方法都要幫助我們，讓我們能夠「悟」道。

悟即見性

從佛法的理性上講，每個人都有「悟性」，我們說「本來就具足」，因為這就是佛性。「佛性」的意思就是「覺」、「覺悟」，即能覺悟真諦、真理的功能、作用，我們也叫「佛性」，也就是所謂的「悟性」。禪宗特別強調這一點，主要是因為通過「悟」，我們才能夠見到、覺悟到或證悟到本性。證悟到本性，才能因為證到「空、無我」，破了「我見、我執」而得到解脫。這就是禪宗非常重要的目標，禪修就是為了要「悟」！

悟性各自不同

之前也談到，在參話頭的時候，要參出疑情。這個疑情不是外在的，是我們內在的，也就是內心會生起來的。其實這個是跟悟性相關聯的。有些人疑情很容易生起來，表示他的悟性比較敏銳一點，反之有些人聽了以後，也沒當一回事，他覺得那也沒什麼，生就生啊，死就死啊，也沒有什麼大不了。實際上我們所講的「悟性」，當然是從禪的角度來看。所謂的「開悟」就是要見到空性、見到佛性。就一般現象來看，本來理性上大家都具足悟性的，但是在現象上，卻不一定每個人會顯露出來，所以我們剛才談到，有些人很容易對生命生起疑情，他有悟性，看起來比較敏銳，也比較會想要去知道；但是也有些人完全不是這麼一回事，這個是顯現出來的差別。

我們再把它講得更一般，或者是從事相上談這個悟性，不談佛法所講的悟性。有一些人學東西會比較快，我們說他的領悟力比較強，一般也說這個人很有悟性。例如竺摩老法師悟性很高，不管是書法、畫畫或是詩詞，在藝術方面他真的是一個天才，學得很快。當然他老人家的佛法造詣也不淺，但是他的書法自成一格，近代書法家行列裡他是排上去的，但是他來到馬來西亞以後就很低調，滿多人不是很清楚，實際上以他書法的造詣，他是當代的書法家，而且都是自己學會的。日軍打中國的時候，他避難到澳門，當時嶺南畫派的宗師高劍父，很欣賞師父的書法，當時他覺得非要認識竺摩師父不可。高劍父創立了近代的畫派叫「嶺南畫派」，嶺南其實就是廣東的南部，六祖惠能大師也是嶺南人。

竺摩師父那時是書法家，也是一位法師，詩詞造詣又那麼高，更是一位文學家，所以他在知識界、文藝界有滿高的聲望，交往的都是這個領域的朋友。高劍父看到師父寫的書法，就認為會寫這種書法的人，一定也會畫畫。其實高劍父本身的字也寫得非常好，但是他在畫畫方面太過知名，所以他的書法就好像沒有什麼人注意。第二天他拿了一幅對聯送給竺摩法師，那時竺摩法師大概才三十多歲，而高劍父已經是嶺南畫派的宗師了。他送給竺摩法師時，跟師父說：「你一定要跟我學畫！」那時候很多人要去拜他為師都沒機會，但他卻要師父跟他學畫。當時的竺摩法師也出名了，是一個法師，學問也那麼好。高劍父就跟師父學佛，而師父就跟他學畫，兩個人交情非常好。竺摩法師在那邊的時間也不長，大概幾年而已，他就畫得非常好了。他的佛法根底非常好，有禪修和信願的行持，再加上修觀音及地藏法門，拜大悲懺，禮地藏菩薩等，所以他的畫就有另外一個不同的意境，這些都是他的悟境。

有些人學東西的確是很快，甚至沒有老師教他也就會了。比如說有的人對刻東西很有興趣，就一直刻，愈刻愈小，最後拿一根頭髮來刻，這些都沒有人教他。以前一些工藝師刻象牙，把象牙先刻成一粒圓球，然後一層一層刻進去大概刻二十多層，每一層的圖案都不同，每一層都可以轉的。這些就是工夫！用機器都沒辦法做到，可是這些人就做得到，但是他無法傳承給徒弟，因為沒有一個徒弟跟他學得來。這種工夫要傳下去，但是徒弟有這樣的悟性嗎？徒弟有沒有這個耐性？很多都做不到。

我們也有認識一位太平的朋友，他學刻印章，也是沒有人教的，刻到最後他刻一方寸的印。一塊石頭，刻了漢代的古詩〈孔雀東南飛〉：「孔雀東南飛，五里一徘徊……。」他把它刻在一方寸的石頭上，滿長的的一首詩。這些都沒有人教他，他就自己刻。這些人就有這一種悟性，也就是說他們學某一方面的東西很快就上手。

比較全面的就不多，像竺摩法師的書法不用講，他的畫也很好，他的詩詞，還有佛學講座，那些佛法的知解更不用談。師父就用他的藝術來弘揚佛法，但是他在佛學院講堂從來不教人，他都不教我們這些徒弟。徒弟沒有一個跟他學畫、學書法，因為我們都沒有悟性，沒有天分，所以學起來很辛苦；而他又認為我們學得那麼辛苦，以後學出來也沒有什麼成就，弘法半桶水，學藝術又沒有什麼境界，這個一半，那個也一半，還是不要好了。藝術畢竟是世間法，多學點佛法就好了，佛學多學一點，以後講經弘法多做這個工作，藝術這方面沒有悟性、天分，那就算了，所以最後都沒有人跟他學。我想他也不懂得怎麼教，還教一筆一畫嗎？哪有這樣的事！師父拿起筆就揮灑自如了，教學生一畫這樣畫、一撇這樣撇，老師父會累死，看到這樣的學生受不了。天才都沒有辦法教學生的，他能夠教的學生大概要跟他有點相應才行。

我們世間有這種人，學佛的人也有類似的情況，他一聽到佛法，就覺得佛法好。我們有一些人摸了好多年，還摸不到門，摸不進來；可是有一些人他一聽，就進來了，而且一開始學，很快就進去了，而有些人學了很多年，才學那麼一點點。禪修也是一樣，有些人很快就學上去了，也有一些人學了很多年，還是在那個階段。有一些人學了，有一點點成績算是很不錯，但他就是沒有辦法突破，不管下了多少工夫就是沒有辦法突破。有些人禪修後，對自己其他方面都有很大的幫助，但就是沒辦法「開悟」，不管學了多深，義理講得多好，他就是過不了那關，少了那麼一點點悟性。

所以「悟」並不是聰明，它跟智慧有點相同，但又不是那種修來的智慧，這個沒有辦法形容。有時候我們看一些文學家寫東西，他們所謂的「靈感」，就是很難形容的那種感覺；忽然間有一個感覺，靈感一閃，他的東西就出來了。我們卻是花很多時間，學到要死了，才有一點點東西跑出來，然後就很開心了。每個人的天賦都不一樣，不過每個人在某一方面總是會有他的「悟性」，所以有一些同學學什麼他不太會，可是叫他做某一些東西他就會了。

我的姊姊讀書很笨，她大我好幾歲，我們進小學讀書的時候，她都沒辦法教我們，考試都是滿江紅。後來她稍微大一點，十多歲了就學裁縫，那時她就學得不錯。之後她就幫人家縫衣服什麼的，我們的衣服、褲子都是她縫的，她在縫紉方面就是一點就通。所以每個人都有某一方面的悟性，但是我們希望這個悟性是跟禪有關係，就是「禪悟」嘛！因為悟了以後就很好。我們有一些同學很會煮飯，我們的

「煮七」、「煮十」都有悟性的，這裡的每一餐都不錯，還滿好吃的，所以說每個人都有悟性。

我們也可多看看自己學什麼東西特別容易，因為每個人都有某一方面的優點、優勢與悟性。有些人學佛真的很快就入手，有些人卻要學很長的時間。每個人的領悟力、悟性都不同，領悟到了就表示他明白了。像我們學東西很慢，學了很久才知道這個不錯。不要以為每個人都是這樣子，因為有些同學學東西很快。這就是我們所說的內在具備的條件。

用心領悟就是你的

如果從佛法修行的角度來看，那也是長遠修來的，但是這種悟性跟我們長期累積修來的悟性，多少會有一些不同，它就有點像靈感一來，很快就會明白、領悟。所以禪宗說：修來的都會壞掉，在我們修到了止、修到了觀，當沒有這個條件的時候，它就散掉了。但是本來具足的只要悟了，一悟就永悟了！所以有了「悟性」以後，就是你的，它就不會離開了。

可是我們學別人的，看別人的資料把它整理出來，久不去看它的話就忘記了。所以我們常常開玩笑說，畢業了以後，什麼都還給老師了，學過的東西都還給老師了，因為那是沒有悟的，那是老師推出來給我們的。我們悟的就是自己學到的東西，都不是老師教的，是自己學的，那些東西一直長期在用，而且覺得它很好用；至於老師教的，還有我們自己慢慢照著程式學的，很多都不是我們的，所以很多人念經念到最後，都還給了佛陀。

有位禪師講的話很有道理，他說：「這個本來具足的你悟了，你不是修來的，修來的它會壞、會不見，但是悟到的、證到的就不會，那是你用心去悟的。」所以我們叫「開悟」，自己的心悟，是我的心，不是別人的心；我的心開了、見到了，本來如此，沒人能夠拿走我們所悟到的東西。我們禪修就是要這個「悟」；學東西也一樣，有悟性的學了就會了，別人不能夠從他身上拿走。我們看到那些有成就的，大部分都是有這種領悟力、悟性的，就好像很多領袖他自己就有那個能力和辦法。

我在教書的時候，一位老同事常跟我說一句話，我也一直相信它。他說：「A teacher is born to be a teacher.」意思就是老師這工作是天生的，好的老師他就是天生的。

為什麼師父讓我來帶這個禪修？那是因為我會帶、我會教；師父他看得出我會教，所以就讓我教，而且我當過一次半的護七。那次打七到一半的時候，師父說：「好，你當護七！」我就當了，師父也沒有告訴我要怎麼當。引磬聲響起做運動，便跟著師父做。第二個七下來的一個七，師父又說：「你當護七！」那個時候我們有兩個人，師父那時剛剛剃度第一批弟子，三女一男，女的應該都還在，男的後來離開。那位男法師跟我兩個人當護七，過後我離開了。我在那邊打了三次七，第一次打，我學了這些方法，師父教的我都會，那些運動也全部都會，做得還不錯，然後學到了方法。師父說怎麼做就怎麼做，學了很得意，就跟師父講我回去要教人家打坐。師父那時什麼都沒講，當我把全部事情處理好了，也當了護七，師父才說回去可以讓我教打坐，但是只教初級的就好。因為我第一次很得意，自己很想教，師父沒有潑我冷水，他如果說不行，我就沒有信心了；但是說可以又不行，所以師父就靜靜不出聲，給我一點機會學。當了一個半的護七，回來就教人了，一直就教到現在，所以還不錯。我是「born to be a teacher」，天生要做老師的，所以弘法也不算奇怪，反正就是這樣的一回事。

我去臺灣讀書，也是讀一年多、兩年，竺摩師父那時是佛學院院長，一直寫信催我回來，要我在佛學院教書。當時我在臺灣讀不到一年半，我去的時候插班，讀半個學期，然後再讀一個學期；那個學期每個禮拜只上兩天課，其中一天的課是梵唄，所以嚴格來說只有上一天的課。那時我也在那邊禁足三個月，看了《妙雲集》，然後就被調回佛光山教書，教一個學期就出來參學。我師父就一直說：「你回來教書。」我就真的回佛學院教書了。回去以後，師父問學了哪些經？哪些論？我說什麼經也沒學，什麼論也沒學。師父再問：「那麼你能夠講什麼課？」我說：「師父你要我講什麼課，我就講什麼課。」所以那時候就講了《戒律學綱要》，也這樣教了一年。後來覺得不行，這樣太快了，就跟師父要求讓自己閉關，師父也很慈悲讓我閉關，然後我就在裡面自己看書、用功，那個時候開始也坐得不好，身心不是很安住。沒幾個月師父要去美國三藩市弘法，他在佛學院的課沒人代，他就說：「你去上。」我在閉關的時候就上課，有好幾本書是閉關的時候講的，也就是後來編出的《百法明門論講錄》和《生活中的菩提——淨行品講錄》。師父走了以後，他留了《阿彌陀經講記》讓我講，可是我又不是學淨土的，那也沒有關係，就講《阿彌陀經》，查資料就可以講了。講完了《阿彌陀經》覺得很不過癮，我又講了《無量壽經》、《觀無量壽經》，再後來又講世親菩薩的《往生論》，所謂淨土宗的三經一論就講完了。

我在教《無量壽經》的時候不是講「四十八願」，因為《無量壽經》有很多的譯本，我那時教同學以四十八願為主，然後把其他不同譯本裡所講的「願」拿來對照，變成一個方法。這個以前沒有人這樣教，我教著教著靈感就來了。後來發現把這些全部合在一起對照的話，阿彌陀佛的願不只四十八個，是好多個。因為有一些譯本裡的願跟這四十八願不一樣，所以有三十六、有二十四的，不同的版本、不同的譯本。我就這樣教下去。

所以在學習上，每個人應該都會有自己的一些「悟性」，就是說學某一樣東西時會學得特別快，領悟力也比較強，而且很快就可以從那邊深入，然後在過程裡有一些東西感覺很多，就像從心裡流出來的，外面學的東西也有，但是學了以後很快就能夠轉化為自己的；甚至過程中發覺到很多是自己心裡領悟的，外面給的只是很少的東西，可是自己本身一接觸到這個部分的時候，就發覺心裡在這個領域其實懂很多。當然我們希望如果這種悟性是跟禪修有關係的話，那就是最好的，因為只要那一悟就不得了，也就開悟了！

在實際生活中，我們常常也有悟境，也就是說某一件事發生，或者是有了某一個領悟或靈感，身心可能會起很大的轉變，或者是對生命的價值觀會調整，有時候甚至是一百八十度的轉變，這也是一種「悟」。

有些人在人生的過程中，曾有過這種悟，就是說某一件事發生了，或者自己本身遭遇到一些事情，甚至可能人家一句簡單的話就改變了自己整個生命價值觀，很多禪師都有類似這樣的經驗、悟境。

從前有一位秀才要去考狀元，應考的路上遇到一位老和尚，老和尚問他去處，他就答說要去考狀元，去選官；老和尚就跟他說：「選官何如選佛去？」「選佛」就是去參禪，意思是為什麼要做官？應該做佛嘛（所以後來的禪堂也叫作「選佛場」了）！那位秀才一聽老和尚這麼說，就真的去出家了。本來是要去做官的，人家一句「選官何如選佛」，他就去出家，而且還是一位開悟的大禪師——丹霞天然禪師。

我們的生活中也會遇到這樣的事，有些是佛法的，有些不一定是，也就是有一些外在的因緣，甚至自己內心起了一個突變、一個轉化，然後生命的價值觀改變了；即原本是這樣的，然後轉去另一個。當然這個過程我們要特別注意的是，這個轉折是讓我們向上向善的，也就是轉到好的方向去。不一定是壞轉好，或我們說的浪子回頭，當然那也是一個過程。現實生活裡也會看到這樣的人，我們本身可能也有過這樣的經歷，然後我們的生活就轉變了。這也是一個「悟」。

某些事的發生，在內心的某些轉化都是一種「悟」，大概很多人都有過類似的經驗，但是有些人可能一輩子都沒遇過；有這樣過程的人，那就表示他在生命過程中有過一些領悟，然後有過一些轉折，這些都是我們在修學或成長的過程中會有的。

感恩是成熟的表現

有些人可能經歷事以後就變得很成熟，但是也有些人，我們常常笑他們長不大，用我們這邊通用的話來說「sakbehsik」（福建話：蒸不熟），就是說這個人不成熟的意思。有時候我們會笑一些人：「奇怪，他經歷那麼多事，就是不能領會。」碰到這樣的人我們也很累。有時同樣的一回事，我們是會再成長，但是不一定會成熟。

從佛法的角度來看，在人生的過程中，當我們領會到自己是社會的一分子，對這個社會有責任，一定要奉獻自己的力量來為這個社會服務，這就是成熟。我們不講改革社會，那種是要用刀用槍的，願意沒有條件地為社會服務，這叫成熟。我們去打工拿工錢的這不叫服務，包括現在一些服務業也都還不算，因為那都是為了要維持自己的生活。當生活安定了，願意出來沒有條件地奉獻，如果心智到達這個程度的，才叫作成熟，因為那個時候我們已經有感恩心了。「感恩心」也是成熟的一個象徵。我們感恩這個社會，因為我們之所以能夠生存，就是因為這個社會的存在，所以我們感恩這個社會，我們來報恩，這時候也不希望得到什麼，只是想自己有多少的能力就奉獻出來。

如果你現在還沒有這樣的心，還不懂得感恩、報恩的話，表示你還沒有成熟，即使表現得多麼有料、不管掌多少的權力都不是很成熟；不管一個人有多聰明，做了多少的事，但是如果沒有感恩心、報恩心，或願意為社會奉獻服務，從佛法的角度來看，都還不算悟到。感恩就是從緣起的社會而來。因為我們知道社會是緣起的，所有的人都是相依，互存、互惠、互利的，所以為這個社會貢獻服務，本來就是我們的責任，我們只是把應該做的事做出來，當我們懂得這樣做的時候，就是有了一顆成熟的心。

有些人成長了，一段時間以為自己成熟了、獨立了，不靠父母親，自己打一份工，自己工作賺錢，賺多少花多少，花到很過癮，這些都不算成熟，那都還是一個成長的階段。直到有一天當發現到這個社會不是自己一個人的，社會是一個群眾的，這時他想要出來為其他人奉獻，這奉獻是出於感恩心來報恩，用慈悲心去發揮，沒有任何條件的，只是做而已，這就表示他的心智成熟了。有些人很快就領悟了，有些人大概需要一段時間，慢慢地成長。

悟到佛性本來具足

對於禪修來說，悟就是悟到佛性，這也是最高的悟境。每個人都有不同層次的悟性，不同學習的領域。每個人的一生中都會有開悟的經驗，因為我們的生命價值觀常常在改變、調整，它是一種提昇、一種昇華，它一定是向上向善，然後趨向於清淨的。一些事的發生會幫助我們把整個心智、整個心調過來。從整個社會，或者心智成熟的角度來看，一個人生命成長到懂得感恩、報恩，那就是最高的悟性了，也就是悟到了我們所謂的佛性。

能夠覺悟、見到佛性，就是最高的悟性。有了這樣的悟性，我們的智慧、慈悲、感恩心就會很自然地流露出來、發揮出來。這些就是我們本來具足的種種功德；我們悟的時候，就是把心打開，把心裡具足的種種功德，讓它自然地發揮。我們現在在修的過程中，種種習氣、業習之類的，讓我們沒有辦法發揮。我們通過修行最後悟到了，知道原來我們的心，本來就具足這些功德，但是因為被業習、煩惱蓋住了，所以竟然不知道它有這個作用；現在悟了以後，它就會很自然地流露出來了，不用加什麼東西，它就出來了。在發揮的過程裡，會發覺到不增不減，也不需要加什麼，但是什麼也都沒有少。

有一個禪師曾經講過，那是惠能大師的其中一個弟子。當時惠能大師年紀已經很大了，而這個弟子的年紀很小，他大概親近惠能大師兩、三年後，惠能大師就圓寂了。那時這個小徒弟問惠能大師，如果師父圓寂了，那他怎麼辦呢？惠能大師答說：「尋思去！」小徒弟於是天天在那邊「尋思」。他的一位師兄，看到他天天在那邊打坐尋思，就問他幹什麼，他說是師父交代他「尋思去」，所以就去尋思。那位師兄告訴他，師父叫他去找那位「行思」師兄。小徒弟聽了以後，就去找了那位師兄，師兄看到他來，就問：「你從哪裡來？」他答：「我從曹溪來。」師兄再問：「你從曹溪來，你得到什麼東西？帶什麼東西來嗎？」他說：「我還沒有去曹溪前，沒有失去什麼，我到曹溪也沒有希望得到什麼，也沒有帶什麼來。」師兄問：「那你沒有失去什麼，為什麼你又到曹溪去呢？」他說：「沒有去曹溪前，我不知道我沒有失去東西，去了以後我就知道我什麼都沒有失去。」其實這樣他就悟了。這位師兄後來就把這師弟留在身邊，變成了他的徒弟了；這位師兄就是惠能下來的青原行思，小徒弟就是石頭希遷。惠能是六祖，青原行思是七祖，日本人稱石頭希遷為八祖，也是一代宗師。他沒有去曹溪的時候，什麼也沒有失去，但是要去了才知道，沒有去的話就不知道。

所以禪修悟了以後，就發現其實自己什麼也沒有失去，做任何事也沒有增加什麼。不過沒有悟的話就不知道。沒有悟我們一點東西就計較，得到一些東西就很開心，失去一些東西就很難過，常常在得失之間計較。可是悟了以後發現一切本來具足，不生不滅、不垢不淨、不增不減、不來不去、不一不異，原來如此！這就是禪修所講的「悟性」。我們修禪就是要開悟，但是有的人想要開悟，為了要開悟，最後卻變成「霧」！因為這個悟很多「霧」，「誤會」的「誤」也是誤，很多人就變成「開誤」，開了一個很大的誤會，就開了一個大玩笑，那就成問題了。

我們有這種領悟，知道來打坐，來用功修行就是為了要開悟，但是開悟並不是求得的，悟了以後，「不增不減」，要求什麼呢？求是會得、會失，才會去追求；

可是「悟」的時候是什麼都沒有增減，就表示根本就不是求來的，求來的東西它會失去，悟的才是不會失去的，因為它不增不減。清楚知道自己本身來禪修就是為了「我要開悟」！但是開悟不是求來的，我就用方法修。過程裡慢慢地去領悟，我們在修的時候，有時得到多一點東西，有時候失去一些東西，但是真正在修的過程中，這些得與失，我們都要把它放下。修的過程就是不斷地放下、不斷地放鬆。當我們完完全全放鬆，沒有捉住，也沒有放下什麼的時候，那就是本來具足的。

悟就是見到本來清淨的佛性，所以沒有得到什麼、沒有失去什麼。但是因為我們有太多的得失，所以在用功的過程中，要慢慢地把這些放鬆，放到最後沒有什麼東西可以放，也沒有什麼東西可以得的時候，那就是空了。這就是我們禪修方法的原則，大家在這個階段還是要用功，知道我們的方向、目標是什麼，過程中記得不要想得到什麼，也不要想丟掉什麼東西，只是用方法。境界來了，面對它、放下它、不執著，因為執著的話就有求，也就會得到或者會失去。這些都把它放下，最後修到因緣成熟時就悟了。

依四悉檀

在禪修的過程中，有不同的次第，有不同層次的方法。佛陀在教學的時候，用了四種成就，叫作「四悉檀」：世界悉檀、各各為人悉檀、對治悉檀、第一義悉檀。實際上，任何的教學裡都有佛陀的教理。後代的祖師、論師在做佛法的整理時，也有類似的過程，有時候我們在做歷史的判攝時也可以看到。

世界悉檀

實際上禪修也有類同的情況，比如說很多同學進來禪修，可能就是來放鬆身體、打坐，跟瑜伽運動有關連，做了身體會健康。身體調得好，對打坐真的有幫助。

有一些靜坐課程會說明沒有宗教儀式，沒有宗教味道，那麼這個靜坐是來幹什麼呢？就是讓身體健康的。這一類的靜坐就是讓我們坐了身體健康，讓身體的氣能夠動，有一些動了還會跳，那種滿有趣的。其實這個「跳」就是氣動。氣動的時候，他們有一定的方法能夠幫助參加者把氣沉到腳。當腳盤起來，如果是氣夠，它就會彈，整個人就會跳起來，它有這個功能，這樣的話身體也比較健康，因為坐的時候就是在運動。實際上氣動的時候就是在運動，而且這個是內部的運動，氣動過後比起真正去運動還累；也有些不是很累，而是過了以後才發現累，或精神好很多、身體鬆很多。

靜坐對於身體健康有一定的幫助，我們就這樣宣傳：大家來打坐，對身體是好的。這就是滿足大家的一種喜好、興趣，讓大家知道坐了以後，身體會健康，也會抒放一些壓力，一般就能吸引一些人來參與。實際上，很多地方有辦類似的課程，有些時候這些課程沒有宗教味道，也沒有哲學味道，就只是強調身體健康；像有一些瑜伽運動也一樣，如果瑜伽運動沒有進入到禪修，沒有講到心靈的部分，大概都只是在強調身體。如果再加上「美容、瘦身」，參加的人一定很多，因為它能滿足的是一種興趣、一種快樂，這就叫「世界悉檀」，就是給予世間的東西，滿足你、給你快樂。

也有一些人學了這個以後，才進入到真正禪的修行，但不一定很多。有些人學了瑜伽以後，除了美容、瘦身外，可能想再進一步。這時候我們就會告訴你打坐有什麼好處？打坐有很多好處，比如身體健康、抒放壓力，打坐有時候還會看到一些一閃一閃亮晶晶什麼的、或會聽到些什麼，這樣有些人就會喜歡。實際上，這些都還是一般的，再進一步就講到心靈方面，程度則會深一點。比如說有些瑜伽老師會告訴我們心靈的健康。身體健康以外，心也要健康，這一類的瑜伽，不只是學它的方法來得到一般世俗的好處，還要再進一步，修跟心靈有關係的，就需要有一些戒律了，比如不能喝酒、不能過度縱欲，飲食也要注意，不能再吃那麼多肉，甚至不要再吃肉了等。如果想要得到深一層的好處，就要去做一些調整，比如可能以前喜歡喝酒、縱欲之類的，都要節制了，甚至還有一些是不殺生、不偷盜的戒律也有，吃的東西也要調，不能再吃以前喜歡的了。

當我們真正進入到佛法的禪修或者是一些宗教的禪修，甚至是一些跟哲學或心靈修養有關係的禪修時，就不只是講身體健康。比如瑜伽的修習，就要守戒律了。

宗教的禪修，心靈禪修，還有像印度一些屬於哲學系統的禪修也需要守戒律，要過一些比較齋戒的生活。

各各為人悉檀

佛法的修行也是一樣，禪修要做得好，戒、定、慧一定要具足。《小止觀》提到二十五種方便，第一個就是持戒清淨，也就是日常生活中的行為要做一些調整，不單單只是打坐而已。如果想在禪坐中得到比較大的受用，就要有一些規定、一些戒律，甚至生活也要做一些調整。比如現在開始學打坐了，以往日夜顛倒的生活就要改變，不能凌晨三點才上床睡覺。同樣地，飲食方面也要改變，大魚大肉那種很強烈的味道也要減少。

守持戒律對禪修有幫助，生活也要比較有規律。除了像《小止觀》裡所講的持戒清淨，還要閒居靜處。我們當然不是真正到淨土去，但是生活方式要做適當的調整。禪修所得到的好處與受用，不只是生理方面而已，心理也一樣受用；想要兩者都得到的話，日常生活的一些行為都要做適當的調整。

這些都直接告訴我們要做這個，才能夠有那個效果，不做的話，禪修就不可能達到那個效果。就像我們平時對學生所說，打坐回去了要把禪坐帶回去，其中包括每天要固定時間打坐、拜佛，日常生活中的作息也要做一些調整。除了上班時間固定，上班之前、之後的時間，如果平時都晨昏顛倒的，現在都要調整過來。類似這樣的事項是必須要做的，這叫作「各各為人悉檀」，也就是為了你的好，你必須要做這些事。想禪修就要做這些事，才能跟禪修的課程相應，才能幫助到自己。

佛法的修行也一樣，我們要止息自己的惡行，奉行種種的善法，這是直接告訴我們要做的。要學佛，就要做這些種種，才能得到一些「好處」，而這個所謂的「好處」，並不是得到什麼東西，而是身心的修養需要用這樣的方式，它才能夠改進、提昇的。經典裡也有一些專門教這些的，我們在禪修的時候也告訴大家，生活中應該怎樣跟禪修相互配合，這個就是「為人悉檀」的部分了。

如果禪修要深入一層，我們會鼓勵大家把戒律守得好一點，多做善法來增長功德，也就是增長禪修的功德，使我們在禪修時能做得更好；再更深一層就是讓大家知道，禪修是用來對治心的，它能深入到內心裡面，減少我們的習氣和煩惱。有一些人來打坐，開始時就想要得到什麼東西，過了一段時間他知道自己不能得到什麼東西，就想減少一些什麼東西，也就是要來捨掉、棄掉一些東西：捨掉我們的習氣、煩惱。

也有一些人希望打坐能把一些業消掉，實際上業沒辦法消掉，只能消掉煩惱；當煩惱消了，業自然而然就沒有力量了。業造作了以後，就不能消掉，但是我們可以減少煩惱。當煩惱減少了，它就不再潤業了，這樣的話，業形成果報的作用就沒有那麼強、沒有那麼重了。不是把業消掉，而是讓業顯為果報的時候，它沒有那麼強的力量。我們不是在業上面下工夫，而是減輕煩惱。

我們打坐時也曾說過不要去理妄念，有一些人在打坐的時候喜歡追求禪修的境界，希望能夠看到、能夠聽到，甚至得到一些神通。實際上，剛才我們講的方法就是，如果照著規矩、持戒還有做一些事情的話，就可能真的會在禪修的過程裡得到這些東西；我們也有一些同學來打坐是希望坐的時候，眼睛能夠看到一些比較不同的顏色或光，如果不小心還看到一尊佛就很開心了；或者聽到美妙的音樂、念佛的聲音也很開心。這些都是得到的，有些人得到了就很喜歡、很開心，但是我們都不斷提醒大家，不要得到什麼東西。有些同學會說：「我要來得到『開悟』！」開悟可以得到的嗎？不能！我們是來開悟，但不是來「得到」開悟，這個要弄清楚，得到的開悟就不是了！

對治悉檀

其實禪修，尤其是禪宗的禪修，直接告訴我們這些東西都不要，我們也常常對一些同學說，要把外緣放下，如果不小心帶來了，記得把它打包放進一個袋子裡，放在大門口，當要回家時，如果覺得東西還不錯，就順便帶回去；如果覺得不要了，那就可以丟在適當的地方，不要丟在不適當的地方，害人家要幫忙收拾。告訴大家要減、要捨，不要去得到這些東西，把這些都捨掉，禪修時碰到什麼東西都把它捨掉、減掉。

第一個大家要過的關，大概就是昏沉。昏沉沒有辦法捨。很多人想捨掉昏沉，但是昏沉只能夠抒放。我們累積了那麼多昏沉、疲累，都只能夠抒放；過程裡不要跟它對抗，因為一對抗就很容易繃緊，所以就抒放它。真正的抒放是不要執著、不是要想把它拋開、拋掉；這些東西都黏在我們的心與身，沒辦法拋得掉的。

幾天以後，慢慢昏沉過去了，也就是把它捨掉了。沒有繼續跟它對抗，也沒有要趕走它的心理，慢慢它就抒放了。同樣地，我們的妄念也是這樣，很多人打坐時很多念生起來，這時大概會生起「我不喜歡」的妄念。這些妄念都是「我不喜歡的」、「我討厭的」，要把它趕走，然後用辦法把妄念趕走。我們愈是這樣子就發現妄念愈強。

有些人也會發現妄念好像是在打坐時愈來愈多，其實不是的。打坐了以後，察覺的心、覺照的心加強了，我們的心回攝了，所以察覺到自己有那麼多妄念。其實平時的妄念可能更多，只是我們不知道。察覺了以後，很多人就想要把不喜歡的這些妄念趕走；妄念也會讓人很煩躁，起瞋心、貪心。

我們追逐它、趕走它、不喜歡它、抗拒它、排斥它，這些都是一種追逐；或者喜歡的就追求那個妄念，跟著它跑。我們知道這樣的方式都是不對的，所以要捨掉這個妄念。打坐時，我們拚命想辦法要捨掉妄念，有些人捨的方法就是要把它丟掉。實際上我們要用的方法就是：不要理它。不理這個妄念就好像當我們昏沉時，我們知道，但是我們讓它抒放出來。我們用放鬆的方法就是這樣，不要理它。妄念即使飄來了，我們不陪它玩，不追逐也不去趕它，慢慢地它就過去了，這就是我們放捨掉一些東西。

打坐的過程愈坐心會愈簡單，因為我們把很多比較粗的煩惱，也就是「五蓋」——貪欲、瞋恚、愚癡、昏沉、掉舉等漸漸捨棄。這些妄念、這些蓋就是很粗的煩惱，只要我們一打坐它就浮上來。這一類的煩惱，我們都不要去跟它對抗，用放鬆的方式，讓它們慢慢地過去，過後就會發覺心比較能夠收攝、比較清淨了，慢慢就能夠定下來，達到統一的狀態，這就是進入「止」了。「止」了以後，我們要「觀」，觀無常、無我、空。我們在修止的時候，就是不斷地在對治我們的問題，盡量減少我們的問題。

掉舉就是妄念掉下去、舉起來，上上下下的妄念很多，我們的情緒很多時候就跟著它上上下下，我們就用數呼吸的方法把心簡化，讓妄念愈來愈少。如果發現貪欲太強，就特別用不淨觀來對治它；如果起了瞋心或是一些很負面的情緒，就用慈悲觀；有時候起了恐懼的心理，就念佛；或者出現一些影像的時候，我們念佛然後迴向給這些影像；又或者一些負面的情緒來時，也可以用念佛的方法。這些方法幫助我們對治現出來的惡根相，發出來的時候就用方法對治它。

這個部分在《小止觀》跟《禪波羅蜜》裡就寫得滿多的，《禪波羅蜜》寫得比較仔細。《六妙法門》也有提到一些是對治的。在禪修的過程中，當惡根相現出來了，也就是我們的煩惱現出來了。煩惱就是惡根、不好的，它包含了我們造的業與報，所以妄念實際上一部分是我們的業報，如果繼續讓它下去的話，它就是繼續造業。我們之所以會繼續造業是因為有這個煩惱，也就有惑、業、苦，形成了輪迴，我們就用功修行來對治它。

對治的作用就是要制止它，不要再讓這個作用延續下去，但是有時它只是暫時性的。比如起了瞋心或是一些負面情緒，那我們用慈悲心或念佛的方法，然後迴向。我們在對治的時候，它產生了效果，事情就會過去了；可能過一陣子它還再回來，沒有斷掉，因為我們只是對治它而已。

在修行的過程裡常會有類似的問題出現，我們要不斷地對治它。這就好像我們有病了，要吃藥對治它，這就是「對治悉檀」。再進一步，我們就要做觀想了。對治的時候，有一些也稱作「觀」，比如：不淨觀、慈悲觀、因緣觀、界分別觀、念佛觀、數息觀等，都是用「觀」，但是它的作用跟修止比較有關係，用於對治我們的煩惱。

這就是禪修時所強調的，要減少、捨掉的。捨掉以後，即可做觀想，觀無常、無我、空；如果觀空成就了，證到了空見，我們就會發現到「諸法空相，不生不滅、不垢不淨、不增不減……」，也就是明白修行不是為了增加什麼功德，或減少什麼煩惱，修行就是為了要開悟、證到空。「空」了以後，很自然地就會有智慧。這時候增增減減、生生滅滅的一切現象，我們都知道它是空的，所以就沒有執著。完全沒有執著的時候，這些所謂生滅、增減、垢淨的相，對我們來說就能夠完全捨掉，不再對它起任何執著。

第一義悉檀

一般比較傳統的方式，還是會讓我們知道，我們會證到無我的智慧。實際上，你自己本身證到了以後，有增加什麼或減少什麼嗎？從修行的角度來看，如果智慧是可以得到的話，那就表示它也會失去，所以是「不得不失」。你證到了，就是見到了，也就是你的心打開了，見到一切法本來如此、必然如此、普遍如此，見到了、明白了以後就能夠隨順因緣。從空性明白了以後，你回到現實生活裡，還是有增增減減、生生滅滅，各種來來去去的現象，但是你的心是空，所以在面對這些問題的時候，已經沒有任何的分別或相對；心就從相對的相解脫了。這種解脫是因為你證到本性了。

大乘佛教到了禪宗講得更直接了，我們也講過，來到這邊我們沒有得到什麼，沒有來的時候也沒有失去什麼；不過沒有來的時候，我們不知道我們什麼都沒有失去，也不知道實際來了以後，什麼也沒有得到。我們來了以後終於悟到了、明白了！這個就是「第一義悉檀」，說明我們證到空，不生不滅、不垢不淨、不增不滅、不來不去、不一不異，《六祖壇經》裡講了不知道多少對，全部都可以用；兩個「不」同時把它否定掉。實際上它的意思就是說，所有一切我們看到的現象的上上下下，或者是各種相對的現象都是因緣和合的，它的本性都是空的。甚至我們現出來的相，好和不好、惡和善、正和邪，都是因緣和合現出來的相，本質也是空的，但是相現出來了以後，就必須去面對它。

在面對「相」的時候，如果是好的，要用好的因緣去隨順。心裡沒有因為多做了一點好事，就覺得自己很厲害了；或者某些事情是不應該做的，不好的，我們就不會去做，也不會說它是干擾。我們不能有一種錯誤的觀念：反正都說空了，那能殺的人是空、所殺的人也是空、殺的動作也是空，這個叫做「三輪體空」，如果是這種觀念的話，這個「空」是不是很有問題？絕對很有問題！現象是現象，惡法就是惡法，我們不能夠用空來模糊它、混淆它，籠統地認為，「既然都是空了，那做這些壞事也沒關係了」，那就不對了。現象的增增減減、垢垢淨淨、生生滅滅還是有的，但是諸法空相沒有本性，見到了以後就知道我們的心性本來就是清淨、本來就沒有生滅、垢淨、增減的，我們就保持這樣的心。但是現象有這種情況時，我們就要隨順這個外在的因緣，它是因緣和合顯現出來的事相。

我們的心證到的是理，事和理要怎樣才能融會貫通？怎樣才能事理無礙？我們在面對事時，是隨順因緣的，但是心不會跟著它生起種種相對的反應。應該做的事會去做，做了以後就把它捨下；不應該做的事就不會去做，不只是不會去做，還要想辦法讓這樣的事不發生，還會叫其他人也不要去做，因為這樣的事做出來會傷害到別人。比如說：殺人、傷人一定是傷害，偷盜、邪淫、妄語都會傷害到別人，我們就不要去做。我們不去做是因為我們明白它是會傷害別人，是不慈悲的。明白了以後自己不去做，還盡量教別人不要做，盡量減少這種不好的行為。但是我們的心在做這些事的時候，心是空相，不受這些現象干擾的。

我們來禪修的過程中，開始時會想來得到一些什麼好處，從中學到一些什麼東西，最後發現到要慢慢捨掉一些什麼，再後來又發現其實來禪修，就是來見這個本性，就是來開悟的，它是沒有增減的。來這裡並不是要減少，也不是要增加什麼。來這裡就是來用功，隨順這個因緣來用功，過程裡面，用心去領悟，這個方法一定要通過這些過程。

打個比喻說如果要增加身體健康的能量，那就要放鬆身體，它有一定的幫助。身體一旦放鬆，沒有那麼多的疲累、痠痛，就可以坐久一點；這時會發現坐久了，心比較容易收攝。身體狀況好，心就收攝得很好，很多妄念也比較能夠放下，回到日常生活中，也比較容易把這些運用在生活中。

所以每一個悉檀之間，都有連貫。它除了契合我們的根基以外，也讓我們連貫到更上一層去，到最後發覺原來一切法本來如此、必然如此、普遍如此，就見到了空性。或者是你在修行的過程中慢慢體會到，原來用功修行是要開悟，並不是得到什麼東西。我們的心就是諸法空相，包括心的空相，就是要見到它、悟到它！所有的修行都是為了幫助我們能夠悟到；應該用什麼方法，在什麼狀況用功，我就用那個方法。

假如發現自己現在的程度或者狀況不是很好，也沒有關係，因為自己還是在世界悉檀的階段，那就用世界悉檀來用功。身體剛病了就過來禪修怎麼辦呢？我們就調身體，讓身體調好了，就在用功的過程裡捨掉一些不要的煩惱。煩惱來、煩惱去，我們還是要捨掉它，放下萬緣來用功修行。

有一天當我們能夠見到空相或者見空性時，會發現什麼增增減減都是我們加出來的，都是我們製造的，不是「made in China」，而是「made in my mind」，都是我們的心造出來的東西，把它放下就沒事了。

所以我們要慢慢地學習，來修行用功就是來見到這個本性，不用刻意加什麼東西，不用刻意丟掉什麼、減什麼，我就是在用方法。進到禪堂該怎麼用功，就怎麼用功，不要加太多自己的習氣進去。因緣如此，就隨順這個因緣，不增不減，這因緣怎麼運作，我們就怎麼運作，這樣的話，你會發現很容易就能修進去了。

我們之前也講過，用功的時候不要用意念，要用心；心是一個整體，不是在一個意念裡，或者是意識裡去用功，思考再多都是思考的、有文字相的。覺照全身能夠身心統一，完全跟思考沒有關係。全身的觸覺就是我們的心，沒有辦法說明它，也沒有文字相，那就是統一境了，這就是用心。

悟就是用這樣的心、整體的心，不是用我們的意識去想、去反應、去分析、思考。過程中我們可能會用到，但是用的時候不要一直讓它變成一個重複性的習慣，不然我們就是一直在重複那個過程罷了，也就是一直不斷地用我們的意念去想，到最後它會有類同的經驗跑出來：相似證。「證」有真實的，也有相似的，也就是看起來很相似，那是因為我們暗示太多了以後所冒出來的。為什麼會有一些什麼句子、什麼答案跑出來？就是從我們的意識裡閃出來的東西。不要去捉它，連這個都要放掉它。用心去悟，悟就是「我的心」。

我們中國字真的很美：我的心——悟。所以用心來用功，但是我們平時習慣性的這個意，要看出它不足的地方、看出它的局限，要回到整個心去用功；開始時，你要得到的東西，慢慢增長，最後發現到不增不減。慢慢地大家來禪修，能夠很容易就隨順這個因緣，不是要加什麼或減什麼，當下的因緣，禪修的因緣是什麼樣的，就完完全全隨順它，慢慢地你就比較能夠用心去體會了。

（二〇〇九年十二月二十一日至三十一日講於怡保般若岩第三屆話頭禪十）

智慧人 42

話頭禪指要

Essential Guidance on Huatou Chan Practice

著者	釋繼程
出版	法鼓文化
總監	釋果賢
總編輯	陳重光
編輯	張晴、林文理
封面設計	化外設計
內頁美編	小工
地址	臺北市北投區公館路186號5樓
電話	(02)2893-4646
傳真	(02)2896-0731
網址	http://www.ddc.com.tw
E-mail	market@ddc.com.tw
讀者服務專線	(02)2896-1600
初版一刷	2021年10月
建議售價	新臺幣300元
郵撥帳號	50013371
戶名	財團法人法鼓山文教基金會—法鼓文化
北美經銷處	紐約東初禪寺 Chan Meditation Center (New York, USA) Tel: (718)592-6593 E-mail: chancenter@gmail.com

法鼓文化

國家圖書館出版品預行編目資料

話頭禪指要 / 釋繼程著. -- 初版. -- 臺北市：
法鼓文化, 2021.10
面； 公分
ISBN 978-957-598-925-5 (平裝)
1.禪宗 2.佛教修持
226.65　　110012291